重构高效课堂

走向核心素养的有效教学

韩孟宽 著

图书在版编目（CIP）数据

重构高效课堂：走向核心素养的有效教学／韩孟宽著．－－北京：中国纺织出版社有限公司，2023.10
ISBN 978-7-5229-0989-9

Ⅰ．①重… Ⅱ．①韩… Ⅲ．①课堂教学—教学改革—研究—中学 Ⅳ．①G632.421

中国国家版本馆CIP数据核字（2023）第172284号

责任编辑：李凤琴　　责任校对：高　涵　　责任印制：储志伟
中国纺织出版社有限公司出版发行
地址：北京市朝阳区百子湾东里A407号楼　邮政编码：100124
销售电话：010—67004422　　传真：010—87155801
http://www.c-textilep.com
中国纺织出版社天猫旗舰店
官方微博 http://weibo.com/2119887771
北京华联印刷有限公司印刷　各地新华书店经销
2023年11月第1版第1次印刷
开本：710×1000　1/16　印张：14
字数：200千字　定价：58.00元

凡购本书，如有缺页、倒页、脱页，由本社图书营销中心调换

致敬石家庄精英中学李金池校长

致敬长垣一中谷胡玺校长

自序

作为县域高中，莘县一中存在师资水平较为薄弱、基础条件相对落后、教育质量有待提高等突出问题。在教师层面，教师的原始学历较低，师范专业类所占比例不高，教育科研水平不均衡，受应试教育思想的影响，教学环境封闭、教学目标短视、教学研究肤浅、教学内容狭窄，导致教学方式单一——"灌输式"，教育评价唯一——"唯分数"，长此以往，教师职业倦怠情绪蔓延，幸福指数降低；在学生层面，教师的机械灌输、沉重的学习负担对学生精力和体力的双重压榨造成学生主体意识淡薄，学习兴趣不高，学习效率低下，学习能力欠缺，与时代要求的人才素养颇不相符。

2009年，莘县一中开展了课堂微格教学研究，制定了课堂教学行为10项规范，提高了课堂教学效率。

然而，2017年新课标颁布后，新的挑战再次来临。中国基础教育质量监测协同创新中心发布的《山东省普通高中教育质量综合评价2017—2019年结果反馈》显示，全省范围内教师教学方式都在改进，都在引导学生自主探究，倡导学生小组合作学习。

"我们清醒地认识到莘县一中面临的'内忧'和'外患'。从内部看，教学质量难以取得质的飞跃，发展遇到瓶颈；从外部看，周边县区教学质量逐步提升，竞争日益激烈。"面对从"知识核心时代"迈向"核心素养时代"的新形势，莘县一中时任校长岳纪平提出要重构课堂，探寻教学质量再突破的新路径。

2018年年初，学校领导班子在参加一个高端教育论坛期间，现场考察了石家庄精英中学的高效课堂模式，并对该模式进行了深入思考和论证，发现它符合先进的教学理念。随后又赶赴长垣一中，实地了解"6+1"高效课堂的嫁接经验。之后又多次派出教师到精英中学和长垣一中学习考察，在全校召开讨论和论证会，认为这种模式与学校正在实行的"学为中心、分层施策"的导学案制度相契合，完全符合思维发展的认知路径，可以作为课堂架构的基础进行实验。

在充分酝酿的基础上，学校制订了详细的实施方案，确定了"先学后教"的教学原则，以"导学案"作为学习载体，实施教学六大环节，即"导、思、议、展、评、检"的教学流程，突出"学生主体、学为中心"，推行启发式、互动式、探究式教学，重点发展思维品质、落实核心素养。学校决定在高二年级开展试点，在导学案与限时练的命制、课堂的流程设计、学习小组建设与教学评价方法等方面进行实践和探索。经过两年的摸索，学校对试点班级的教师教学方式和学生学习状态、学习效果进行跟踪观察和统计，发现试点班级在上述方面普遍优于其他班级，尤其是学生学习兴趣、思维深度、学习水平都有明显提升。实验结果让人兴奋，更加坚定了学校进行课堂教学探索的信心。

学校针对高二年级试点的情况，进行经验总结和问题提炼后，开展各层面的专题研讨，形成系统化的实施方案，确定自2019年秋季学期起全校推广"6+1"高效课堂教学范式。

韩孟宽

2023年7月5日

目录

第一章 "6+1"高效课堂行动规划 / 001

第一节 "6+1"高效课堂实施方案（上）/ 002
第二节 "6+1"高效课堂实施方案（下）/ 006

第二章 "6+1"高效课堂实操说明 / 011

第一节 "6+1"高效课堂的理论基础 / 012
第二节 "6+1"高效课堂的设计思路 / 014
第三节 课堂"6+1"的含义及实操说明 / 018

第三章 "6+1"高效课堂配套措施 / 025

第一节 "6+1"高效课堂导学案编制基本要求 / 026
第二节 "6+1"高效课堂学习小组建设要求 / 029
第三节 "6+1"高效课堂"练"的基本要求 / 032
第四节 "6+1"高效课堂"三备两研"的若干要求 / 035
第五节 "6+1"高效课堂听评观察维度 / 039
第六节 "6+1"高效课堂质量检查 / 042

第四章　"6+1"高效课堂师生心得 / 045

  第一节　访谈篇 / 046
  第二节　赛课篇 / 053
  第三节　教师篇 / 072
  第四节　学生篇 / 126

第五章　"6+1"高效课堂初见成效 / 137

附录　"6+1"高效课堂推进讲话稿 / 145

第一章

"6+1"高效课堂行动规划

第一节 "6+1"高效课堂实施方案(上)

一、改革背景

形势有了新变化：2017版新课标的颁布，标志着核心素养与课堂教学链接的正式落地，核心素养是对"三维目标"的整合，是个体在与情境的持续互动中，不断解决问题、创生意义的过程中形成的。因此，形势发展需要课堂新举措。

成绩伏着新危机：近几年，学校的高考成绩一直不错甚至很好，但也没能出现大的突破，特别是在名优生的培养方面。同时，区域内的兄弟学校竞争力正在增强。因此，学校上升需要教学新思路。

未来潜有新忧虑：随着大城市人才政策的放开、经济要素流动的便利，作为县城中学，我们招到优秀青年教师的难度越来越大。同时，近几年新聘教师的专业水平与功底令人担忧。因此，教师成长需要培养新路径。

二、实施依据

(一)我们的发现

对于课堂教学的认识、讨论与思考是我们的常规工作，我们一直在学习、尝试与反思。在广泛而深入地观察、思考、比对的基础上，我们发现了高效"6+1"课堂教学模式。此模式是原衡水中学校长李金池在2010年接手石家庄精英中学后创立的，精英中学仅用了3年就走出了困境。精英中学在改革之前，应届一本上线人数4人；改革后，2013年暴增至165人。随后一路飙升，高歌猛进，2016年一本上线已位居省城第一。长垣一中是一所有70年历史的老校，从2013年下半年开始，全面学习石家庄精英中学"6+1"课堂教学模式，教学质量迅速提升，升学人数连年翻番。2012年应届生一本上线22人，2013年增至122人，2014年翻番到254人，2015年高考应届一本上线474人，2016年应届一本增至768人，2018年应届生一本达到1680人，位居河南省第二。

（二）我们的分析

1.理论引领，具有先进性

学习"只能通过自身炼制新知识，但在此过程中，又必须依靠他人的经验"。这一模式遵循了建构主义主张的"学生学习的社会性"和人本主义强调的"学生学习的自主性"，有利于多轮次、多角度锁定主题，充分重视了知识的检索与运用，真正践行了自主合作式学习。

2.环节简明，具有实操性

"6+1"中的"6"是指把课堂40分钟划分为"导、思、议、展、评、检"6个环节，"1"是"课下限时练"。

3.切合实际，具有对接性

这一模式与我们正在进行的探索有很多相通之处，例如，我们的课堂教学一直在提倡"学为中心、少即多"的理念；我们的部分学科一直在进行学案教学，我们已充分认识到练习的重要性；我们切实认识到青年教师的课堂需要模式化的训练。

三、指导思想

立德树人，践行"教学工作是中心""教学质量是核心"的理念，以全面提高课堂教学效益为目的，以转变课堂教学方式、引导学生自主学习为导向，努力构建学为中心、学生主体的课堂教学模式，全面提升教育教学质量，实现教育的内涵发展、可持续发展。

四、实施目标

构建适合学校实际的课堂教学模式，提高集体备课效率，规范教学行为，强化学生主体的落实，增加教学反馈频率，加强对学生学习的管理，教学质量有新突破；教师业务素质全面提升；学生综合能力全面提高。

五、推进步骤

2019—2020学年，工作重点在形式，即学样、描红。高中三个年级所有学科都要动起来，"6+1"要进入所有课堂、所有课型。

2020—2021学年，工作重点是内涵，即关注做的质量，进行研究比对。第一学期实验班教学、数学的B层进行新修正，第二学期所有学科可进行修正。

2021—2022学年，工作重点是定型，形成我们自己的模式。

六、推进策略

（一）明确责任主体

1.实施责任主体：全体科任教师

2.研究责任主体："6+1"高效课堂课题组

3.检查责任主体："6+1"高效课堂教学质量检查组

重点检查初备手稿（昨天的）、6环节落实（当天的）、限时练批改（昨天的）；考试题目命制、考试过程检查、考后成绩分析；评教。

4.督促责任主体："6+1"高效课堂干部督导组

学校领导分包学科的集备、课堂"6+1"的实施。课程中心每周统计并公布集备检查、听课笔记检查的结果。此结果用于对级部的量化评比和分包领导检查工作的评定。

5.领导责任主体：岳纪平、王际宪、韩孟宽、陈云仓

（二）细化配套措施

高效课堂改革是一个系统工程，涉及的不仅是课堂，还有集备制度、自习、教师考核、学生管理、干部职责等。

调整时间表和课程表，以利于集备的落实；

调整晚辅导制度，以便于单班辅导的落实；

调整教案格式、学案格式、限时练题量、观课量表等，以完备"6+1"课堂的工具；

调整阅卷员工作，以便于限时练批改的落实；

修订教师考核细则与绩效考核制度，把"6+1"所有相关事项纳入考核；

细化学生管理，用量化积分和小组管理来规范和提醒学生的课堂行为；

明确干部职责，增强教学服务意识，干部要与教学同频共振，沉下去，走上前，聚焦一线，服务师生，围绕教学核心安排工作，并以此作为考核干部的硬指标。

第二节 "6+1" 高效课堂实施方案（下）

一、实施回顾

（一）取得的成效

自2019年9月以来，"6+1" 高效课堂全面推进，产生了如下成效。

最明显的一点是上课状态的变化——课堂上学生犯困的少了。

第二点，在课堂上，我们使用了一些科学界公认的有效学习方法"思考可视化"和最好的学习工具"检索"。"思考可视化"是指我们看见了学习的发生、学生看见了自己的思考，因为课堂上学生张嘴了，说疑惑了，讲问题了。"检索"是最好的学习工具，限时练、考试是其重要形式和表现。

第三点，每位老师都深刻体会并认同了先进科学的教学理念——学为中心、学生主体、自主合作探究等。

第四点，从教学本身看，教学行为更规范。

第五点，从第一学期期末成绩看，高一、高二年级的可比科目都比兄弟学校要好，原因可能是多方面的，但至少没因改革的不适应而输给对手。

另外，线上教学从另一角度印证了我们课堂改革的成功。突如其来的线上教学给教师带来的是陌生，更有对学生学习状况的担忧。教师的这一担忧，很快消除了，因为经过第一学期的自主学习（思）、小组合作（议、展）的训练，同学们很快适应了线上学习：先是自主完成老师布置的任务，接着小组在线交流，最后组长提交问题由其他同学或教师讲解。

（二）存在的问题

其一，特殊时期，本学期学生在校时间大为缩短，教学任务的紧迫开始挤压改革需要的时空，教师中出现了未完成描红就想修正、未完全理解就想自主的倾向。

其二，奖惩等评价措施没能形成对改革的持续刺激。"奖"是我们本学年没用足、没用好的措施，我们需要重新定位"奖"，"奖"不是对主要工作的冲淡冲撞，不是成本与代价，而是工作本身，是工作的必要环节。"惩"一直是我们少用、难用的措施，我们要细化管理流程，让"惩"有依据、有记录、有公开。

二、规划调整与重点提醒

（一）"6+1"高效课堂改革的目的

提高集备效率，规范教学行为，强化学生主体的落实，增加教学反馈频率，从而加强对学生学习的管理。

（二）推进步骤的调整

高效课堂的定义，仍然是自2019年9月开始实施的"6+1"，按实施进程，描红阶段已结束，但由于处于特殊时期，我们第二学期的"6+1"执行有变形。所以本学年，我们规划是第一学期总体仍处于描红阶段，但实验班教学、教学的B层可以进行新的探索和尝试，环节顺序和时长可变，但"学为中心"理念不变、6个环节不少，10月我们将对这两个层次的教学尝试进行总结和比对。12月，我们将收集老师们对"6+1"的修改意见，在寒假期间整理"6+1"的修正案，第二学期，所有学科可以在反思的基础上对6环节进行修正并实施。

（三）责任主体的补充

随着学校七大计划的实施，及上学年工作中遇到的问题，"6+1"高效课堂的管理也有调整。

1.实施责任主体：全体科任教师

2.研究责任主体："6+1"高效课堂课题组

工作备注：

8月底整理并发言；

10月收集实验班、数学B层的具体实施情况，并提出建议；

12月收集"6+1"具体实施情况，并提出建议；

寒假整理综合学期工作，并对下学期提出建议。

3.检查责任主体："6+1"高效课堂教学质量检查组

工作备注：

（1）重点检查初备手稿（昨天的）、6环节落实（当天的）、限时练批改（昨天的）；考试题目命制、考试过程检查、考后成绩分析；评教。

（2）每天上交检查结果给陈云仓主任。

（3）每周三下午第三节课后召开碰头会。

4.督促责任主体："6+1"高效课堂干部督导组

工作备注：

（1）请各位领导按分工检查学科的集备、课堂"6+1"的实施。将集备检查结果，一份反馈给级部主任，另一份交给课程中心；听课笔记每周四下午交课程中心；课程中心每周统计、公布检查结果，此结果用于对级部的量化评比和分包领导检查工作的评定。

（2）学科集备的地点固定、时间固定（每天上午第3节和下午第3节），中层干部需跟踪学科进行检查。

（3）听课节数：不兼课的中层干部，每天至少1节，每周不少于8节；兼课的，每天至少1节，每周听课不少于5节；"走动式"检查环节落实，每检查记录一个环节计为听课1节（每周最多按计两节）；此检查单与听课笔记周四下午一起交到课程中心。

5.领导责任主体：岳纪平、王际宪、韩孟宽、陈云仓

（四）重点提醒

1.集备的效率与实战性（到岗快不迟到、入题快不寒暄、聚焦主题不跑题、分歧直接表达不绕弯子，组长要提醒纪律与主题，年轻教师要大胆发言，老教师要做好示范带好头）

2.限时练批改的及时性（既批改得及时，又张贴得及时，能反馈到学生那里）

3.课堂环节学生的培训与量化管理（各环节的组织与管理、小组的组织与管理、学生评价与量化，班主任还要做好每天操后评，对学生课堂表现的点评、每周班会对学生课堂表现的点评）

这既是老师、组长、班主任、级部需要加强的地方，也是检查督导重点关注的地方。

三、认识与结语

高效课堂改革包括干部评价、教师考核、学生管理、集备制度、课程与自习安排等，不可能一蹴而就，它是一个缓慢长期的过程。我们知道，认知改变中间会犹豫、争斗、妥协、停滞、倒退。别人几十年的思考、数年的感悟、几年的实践，我们想用一学期或一学年来完成不切合实际。所以，我们要对高效探索有恒心、对教学创新有耐心、对课堂改革有决心。

第二章

"6+1"高效课堂实操说明

第一节 "6+1"高效课堂的理论基础

"6+1"高效课堂的三大理论来源：建构主义学习理论、人本主义学习理论和诱思探究学科教学论。

一、建构主义学习理论

建构主义学习理论是20世纪中期在欧美国家兴起的一种教学理论，它在教学上的主要观点如下：

（1）知识不是被动吸收的，而是由认知主体主动建构的。

（2）知识是不能传递的，教师传递的只是信息，知识必须通过学生的主动建构才能获得。

（3）一节课的效果如何，首先应关注学生学得如何，教师教学的有效性如何，这体现在能否调动学生的学习积极性，能否促进学生对知识的建构。

（4）教学过程不仅应包括师生之间的互动，还应包括学生与学生之间的互动，也就是说，知识的获得是学习者、教师和其他学习者之间相互作用的结果。

二、人本主义学习理论

人本主义学习理论产生于20世纪的美国，代表人物是马斯洛和罗杰斯。

人本主义学习理论强调学生的自主学习和协作学习，强调教育的目标在于激发学生的学习动机，发掘和发展学生的学习潜能。

三、诱思探究学科教学论

这一理论是陕西师大张熊飞教授积几十年心血而创立的具有中国特色的学科教学理论,它是根植于中国本土、生长于中国本土的一种学科教学论。

第二节 "6+1"高效课堂的设计思路

"6+1"高效课堂，其中的"6"，在课堂中进行，包括"导、思、议、展、评、检"6个环节；"1"，谓之"练"，在课后的自习中进行，是对所学知识的迁移运用。这样，每个教学内容的教学流程都需要7个环节，"导、思、议、展、评、检、练"。"6+1"高效课堂既重视学习，又重视课后对所学知识的巩固提升和迁移应用。

"6+1"高效课堂各个环节的设计思路主要有以下几点。

一、"导"——课堂起点

"导"，包括"导入"和"导学"两个方面。

导入，是一节课的开端，上课铃响后，教师用简洁明快的语言（可借助图片、视频等），实现旧知识向新知识的导入（发散），内容可以是上节课的难点、错题，形式可以包括讲评、提问、背诵、板演。

导入之后，便是导学，教师用简明扼要的语言，引导同学聚焦学习目标，澄清学习目的与成功标准。然后教师发出指令性信息，学生进入第二个环节的学习。

二、"思"——研究深思，自主学习

在教师的指导下，依据导学案自学。首先教师要指出学习目标，提出自学要求和思考题，告诉学生自学方法和时间要求。

思的内容和形式是多样的，有读课文、做例题、看注释、做实验，也可以分段实施，如前8分钟，通读课文，完成学案；后5分钟，初次思考探究题。

思开始时，教师要先讲要求后下指令，而不是思已开始或过程中提要求，这会打断学生的思。思长达13分钟，导学时除了纪律要求，也确有必要给学生强调思环节的任务、目的和标准。

指令下达后，教师要勤巡视，在巡视中，教师要关注学生的神态表情和右手。

思是静的，但要强调学生的"动"，即动笔"画、圈、线、问号"。

（1）画：课本中有些内容是知识和结论，要通过画进行标注，有些是帮助理解或说明性文字，无须记忆的不要画。

（2）圈：概念、公式和规律等内容中关键词语要进行圈点提示，这些词语往往可以作为出发点而显现出全貌。

（3）双线或波浪线：本节重点内容，老师重点强调的内容，需要画双线或波浪线以示提醒。

（4）问号：自主学习中存在的问题，在问号旁边需要适当的文字加以说明，写出具体困惑或不同见解等。

三、"议"——小组讨论，合作学习

议环节，在学生起立前，教师要对议的内容、目的和成功标准进行强调。

议，既可以议难点、困惑点、易错点，也可以包括互背、互考、互查。如果这节内容相对简单，如语文、外语的议环节可以学生一人背诵，另一人看课本核对，也可以一人复述，另一人倾听，也可互查学案的填写情况。

议可以分两步：对议（每组3对，一对一，互相解决问题）；组议。学案中的对议要有清晰的说明，采用何种形式和方法、达到何种程度，如"借助学案中……组议……规律""两人在讨论……基础上，互相检查，并构建知识网络"等。

议内容可以分为两部分：先讨论教师预设的问题（在PPT上展示明确要求。在长达13分钟的思环节结束后，教师应该提出问题，或检查或提升或导学,当然,这个提问可以设计在学案,投在PPT,板演在黑板上),再讨论学生提出的疑惑和小组讨论过程中碰撞出来的问题。

议要起立,身体的改变有利于学习状态的改善;议的时间点正是学生听得昏昏欲睡的时候。

要培训学生:议中,及时做好记录,如观点、思路和方法,以及突发灵感和疑点,以备下一环节展示;议完后,组长要给组员分配下一环节的展示任务。

教师要在议的过程中找出要展的对象(人与内容)、需加议的题目。

四、"展"——激情踊跃,展示所学

展是课堂的魂。展分为提问展(包括背诵)、板演展两种。

提问展,教师设计真正值得提出的问题——能够促进学生学习的问题、引导学生质疑和倾听的问题、帮助学生关注相关素材的问题、帮助学生将所学与先前知识整合的问题。展可以有正确展,也一定要积极发现经典错误展。

展是议的自然延续,是对议结果的检验,展的检验性反过来可以使议更有效。展是学生的思维外显化,是学生间思维的比照,正确与错误、清晰与模糊。展是学生的舞台,是思维外显化的舞台,是能力锻炼的舞台,是学生主体地位显现的舞台。

展是激情展:小组评价是关键,当场记分;学习委员日结、班级周评、级部月度评优到小组、学校学期评优到小组。争抢会营造学习氛围。

展为评的针对性提供了更大的可能。

五、"评"——点评导学(精讲)

该环节教师的行为:先从自学、合作、参与度等方面,对小组给予评价激励,接着点评精讲学生在展中暴露出来的问题和学生通过探究仍不能解决的问题,然后顺势讲规律、讲思路、讲方法、讲线索、讲框架。"评"是精讲,

"评"是拓展，"评"是点睛，"评"是结论。

六、"检"——检测反馈，内化所学

检是测量学生学会了什么，这个环节可以增强学生的紧张感和获得感。

检的形式多样，可提问、听写、默写，可做题、（听力）测试，可归纳；投影展示学生作品（课本标划、学案填写、笔记记录）也是检。检要当堂评价，当堂反馈，即要对学生所答所做给出结论性评价。

检的对象：每组的最后一号回答或4～6号被点名回答。

七、"练"——巩固迁移、学以致用

限时练主要形式是进行习题巩固，还有写随笔、小制作之类，主要目的是，从"懂"到"会"，从"会"到"用"，是完成学习任务的最后一步。

第三节　课堂"6+1"的含义及实操说明

新授课环节时长：导5分钟、思13分钟、议5分钟、展8分钟、评6分钟、检3分钟。

复习课环节时长：导5分钟、思13分钟、议5分钟、展6分钟、评8分钟、检3分钟。

讲评课环节时长：展5分钟、议6分钟、问9分钟、评15分钟、纠5分钟。

一、新授课与复习课

（一）导——新课导入，激发兴趣

"导"包括"导入"和"导学"两个方面。

【操作】

导入，上课铃一响，教师用简洁明快的语言借助一定的媒介，如图片、视频等，实现旧知向新知的导入，激发学生学习新知的兴趣。（板书课题）

导入之后，便是导学，教师简要地向同学们说明新课的学习内容、学习目标和需要解决的问题，以及一些注意事项。（提示课堂教学目标）

【好处】

（1）使学生一上课就明确学习目的，使学生学习有方向。同时，激发了学生的学习动机，调动了学生学习的积极性，促进学生在以后的各个环节主动地围绕目标探索、追求。

（2）由于学习目的是一节课的主干知识教学要求的体现，长期坚持提示目标，可以培养学生的概括能力。

【注意点】

（1）要层次清楚、简明扼要、不要太长。

（2）要让学生默（琢磨）看一遍，不要急于关闭投影机。

（3）教学目标主要是理解知识、培养能力方面的，至于情感价值观等方面的教学目标应由教师把握，靠教师的形象、情感等渗透进行，一般不作为向学生揭示教学目标的内容。

（二）思——自主学习、研读深思

【操作】

学生自主学习，即学生在教师的指导下、在导学案的引领下，认真看书学习，研读教材文本，独立思考、深入钻研、勾画圈点，独立解决老师提出的问题，同时，在自学过程中，还要提出疑惑，发现未知。教师通过察言观色，了解学生自学的情况，端正学生自学态度。

【注意点】

（1）自学指导要层次分明，让学生看了之后，做到4个明确。

明确自学内容。让学生知道学什么，清楚自学的内容或范围。

明确自学方法。例如，看书，是围绕思考题看书，独立找答案，还是边看书边与同桌讨论，解决疑难。一般先让学生独立看书、思考，不宜边看边讨论。

明确自学的时间。时间不宜过长，要让学生紧张、快节奏完成自学任务而不拖拖拉拉；时间不宜过短，让学生有认真看书、思考的时间，切不可走过场，因为，看书是练习更正、讨论、当堂完成作业的前提，一定要讲究实效。

明确自学后的要求。用多长时间，应达到什么要求，届时如何检测等。

（2）学生自学时教师加强督查，对认真学的有表示满意的神情。

（3）重视巡视中差的学生，多鼓励关心后进生，督促其认真自学。

（4）教师不得在黑板上抄检测练习，或做任何其他与教学无关的事，例如，教师频繁走来走去、走出教室、东张西望等，因为这样会分散学生的注意力。

（三）议——小组讨论，合作探究

【操作】

一般先讨论教师提前预设的问题，再讨论学生提出的疑惑和小组讨论过程中碰撞出来的问题。

这个环节包括两个方面：一是两两合作，互帮互学；二是小组讨论问题，解决自学中的疑难。

【注意点】

（1）教师设置的问题要有一定的深度和难度，还要有方向性。

（2）小组明确声音控制人。声音控制人主要负责在课堂参与讨论时，顺便留意本组成员参与讨论的声音的音量。声音过大，会影响邻班同学上课。

（3）教师应参与讨论，到各小组看看，一方面可以了解是否所有同学都参与讨论；另一方面也可以在某些小组讨论问题难以打开局面或难以深入时，给予适当的引导，使讨论得以顺利进行、深入。教师最好不要在学生讨论时，静静地站在讲台上。分组讨论时，教师不应过于强调课堂纪律，可以让学生走出座位，几个同学聚在一起讨论，讨论结束时再坐回原位。

（四）展——引导展示，鼓励质疑

【操作】

让学生（中差生尤其后进生）回答问题或板演。

【目的】

最大限度地暴露学生自学后存在的疑难问题。

【好处】

若后进生做对了，说明全班学生都会了，教师无须再教；若后进生做错了，引导中等偏上的学生分析，讲清错的原因，引导更正、归纳。这不仅对后进生有帮助，而且促使尖子生理解得更加深刻。

【注意点】

（1）要解放思想，真正让后进生回答问题或板演，千万不要搞形式主义，叫尖子生演练，表面上正确率高，实质上掩盖矛盾，不能最大限度地暴露自学后存在的疑难问题。

（2）要面向全体学生，后进生回答问题或板演时，要照顾全体同学，让他们聆听别人回答问题，随时准备纠正错误，或布置他们做哪些练习等。

（3）教师要巡视，搜集座位上同学有哪些错误，并在头脑里分类，哪些属于新知识方面的，这是要解决的主要矛盾，哪些属于旧知遗忘或粗心大意的，这是次要矛盾，把倾向性的错误用黄色粉笔写在大黑板对应练习处，供评讲时用。

（4）学生板演练习时，教师不宜辅导学生，因为这既不利于培养学生独立学习的习惯，也会影响全班同学独立思考和紧张练习的效果。

（五）评——精讲点评，归纳总结

所谓"评"，即激情展示后，教师开始精讲，或拓展，或点睛，或结论，教师要讲规律、讲思路、讲框架，不要重复具体知识点。这一环节的关键是要评出学生的对与错，并且说明对在哪里，错在哪里。

【目的】

通过教师点拨，学生进一步加深对所学知识的理解，最终形成运用所学知识去分析问题、解决问题的能力。

【好处】

这一环节既是补差，又是培尖，既帮助后进生解决疑难问题，又通过纠正错误，使尖子生了解得更加透彻。

【注意点】

教的内容应该是自学后还不能掌握的地方，即"展"中暴露出来的主要倾向性的疑难问题。对学生通过自学已经掌握的坚决不教。

学生"展"得不完整的、达不到深度的，教师要补充；"展"错了的，教师则要引导更正。

教师不能就题讲题，只给出答案，而是要引导学生寻找规律并运用。预防运用时可能出现的错误，以免学生走弯路。

引导学生更正，寻求规律，帮助学生归纳，上升为理论，指导学生运用。

（六）检——当堂检测，及时反馈

【操作】

在老师的引导下，学生对当堂课所学内容进行整体回顾、反刍内化和自我评价，最后再由教师对当堂所学内容进行抽查提问，或通过小题的形式进行检测。

【目的】

检测每名学生是否都当堂达成学习目标。

【好处】

（1）促进学生在各个环节中都积极主动地学和练，提高他们的学习效率。

（2）及时反馈信息，能按时做对课堂作业的就达成了学习目标，做到"堂堂清"。

【注意点】

（1）课堂作业要典型，要围绕课堂教学目标出题；作业时间不少于3分钟。

（2）课堂作业要低起点，多层次，有必做题，有选做题，有时还有思考题。

（3）学生课堂作业时，教师要勤于巡视，但不得辅导学生，不干扰学生，确保学生聚精会神地做作业。教师要关注后进生，若发现其有困难，则课后要主动对他"开小灶"。如少数学生做得快，已完成了，教师可以先给他们批改，还可以让他们完成别的学习任务。

"检"是梳理，"检"是建构，"检"是巩固，"检"是提升。这个环节很重要，不可或缺，必须确保"检"够3分钟。

（七）练——巩固迁移，学以致用

这个环节在课后的自习课上进行。主要形式是让学生联系实际进行习题巩固训练，它是学生完成学习任务的最后环节。

在"6＋1"的课堂背景下，各个教学环节有其严格的先后顺序，同时各环节之间又是紧密联系、相辅相成的，是一个有机的整体。

二、讲评课5环节

"展"，以错定标。通过展示学生考试得分情况、学生典型错误、学生优秀试卷，确定试卷讲评课的标准，有的放矢地进行教学，时间为5分钟。

"议"，合作纠错。通过学生间的相互交流，让学生先解决自己能够解决的问题，时间为6分钟。

"问"，互教共赢。两两或小组内不能解决的问题，可以进行组间询问，时间为9分钟。

"评"，精讲点拨。讲评典型错误和错因、审题和解题思路、本质与规律、方法与技巧、发散思维与变化，时间为15分钟。

"纠"，巩固提高。学生自纠，订正错题，变式练习，时间为5分钟。

第三章

"6+1"高效课堂配套措施

第一节 "6+1"高效课堂导学案编制基本要求

一、原则要求

1.分层设计原则

导学案设计要遵循由浅入深、由表及里的认知规律，引导学生循序渐进地完成学习过程。

2.铺路搭桥原则

在学生学习有难度和跨度大的地方，通过回忆、设置引导问题或使用引导语言，降低学生学习难度。

3.总结归纳原则

在解决相关问题或例题后，通过适当的引导，学生能对所学知识提炼规律或归纳结论。

4.提纲挈领原则

导学案忌习题化、宝典式编写。每节课的导学案一般以2页（32开）为宜，最多不超过3页。

二、内容要求

导学案包括学习目标、重点难点、导学流程、合作学习设计和展示设计五部分。

1.学习目标

学习目标是指学生在教师的引导下学习所达成的目标。学习目标的主体是学生，应使用行为动词表述，必须是具体的、明确的、可测评的。

2.重点难点

根据课程分析和学情分析确定本节课的重点、难点。重点与难点一般要求分开书写。

3.导学流程

此为导学案的主体部分，通过导学流程中的路径设计，引领学生把握教材文本，攀登知识高峰。

根据认知规律，一般将导学流程分为三个层次，依次为了解感知、深入学习、迁移运用。

（1）了解感知。采取多种形式，让学生回顾已经学过的、与本节教学有联系的知识，为更好地学习本节基本知识、突破重点难点做好铺垫。

对于涉及的内容，一般按回顾、学习、铺垫的顺序安排。

（2）深入学习。在研读课本及相关材料的基础上，通过强化识记、分析、计算、推理和归纳等多种方式，夯实基础知识，总结规律、方法和结论。

（3）迁移运用。利用已有的知识、技能和方法解决问题。一般先是基础知识的迁移运用，然后是技能方法的迁移运用，但以基础知识的理解和巩固为主，比例应为70%以上。形式可以采用解答习题、联系现实、解释现象、实际应用、扩展新知或诗文写作等。如果在迁移运用过程中需要总结审题解题技巧或应用技巧，则以问题的形式提出。

4.合作学习设计

在自主学习的基础上，结合本节学习目标，合理设计合作学习的内容和要求。其内容是指"议"环节中议有价值的问题；其要求是指根据学科和课型特点，学生在"议"环节中采用何种形式和方法、达到何种程度的具体表述，如"借助提纲中……组议……规律……""两人在讨论……基础上，互相检查，并构建知识网络"等。

5.展示设计

在合作学习设计的基础上，结合本节课的重点、难点、易混点和学情分析，设计需要展示的问题和要求。

三、格式要求

1.标题

格式为"课题名称（第一课时）"四号黑体不加粗且居中对齐，课题和课时中间有一个空格。

标题下面为"班级_____姓名_____小组_____"，五号宋体且居中对齐。

2.正文

正文五部分标题及导学流程内的分层设计标题均为五号黑体不加粗，并且首行缩进2个字符。

正文部分为五号宋体，数字和字母为五号 Times New Roman，其中铺路搭桥内容为五号楷体加粗，材料部分，一般为五号楷体不加粗。

3.合作学习设计和展示设计

合作学习设计和展示设计的标题及内容均为红色字体，单独放在导学案最后一版中（只存档不印刷）。

四、版面要求

1.纸张设置

纸张设置为B4、横向，分为两栏。

2.页边距

上下左右均为2厘米。

3.页眉页脚

汉字为"楷体GB2312"，数字和字母为Times New Roman，字号均为五号，页眉内容从左到右依次为（以化学提纲为例）：

左侧："莘县一中课堂导学案"和编号："DHX0120220801"。"D"是导学案的缩写，"HX"是学科提纲首字母，"01"是导学案编号（即第一个导学案），"20220801"是使用日期。

右侧：使用时间和编制人、审核人。编制人为学科主备人。

第二节 "6+1"高效课堂学习小组建设要求

一、指导思想

遵循新课程教学理念和"6+1"高效课堂教学理论，建立学生合作学习小组。推动课堂学习方式向"自主、合作、探究"转变，以实现学生的能力提升和课堂效率的提高，并以此为基础，把小组建成"学生学习发展共同体"。

二、小组组织建设

（1）小组既是学习小组，又是行政小组，小组建设的第一责任人是班主任。班主任要把学习小组建设同日常的学生教育管理工作结合起来。

（2）小组构成：以6人为一组，小组成员要在性别、学业成绩、个性特征等方面有合理的差异，做到"组内异质，组间同质"。

（3）小组划分：依据成绩排名和日常表现，由班主任主持，各小组整体成绩应旗鼓相当。每小组设组长一人，另设学科代表每科一人，具体负责本学科的督促检查，作业收发。

（4）小组座次：面向黑板，阳面教室成三列两排。

（5）小组编号：依据总成绩编为1~6号，其中1、2号为A层，3、4号为B层，5、6号为C层。组内座位排布如下：

$$\begin{matrix} 1 & 2 & 3 \\ 6 & 5 & 4 \end{matrix}$$

三、小组文化建设

（1）学习小组共同议定组名、组规、组训和小组目标。

（2）班主任要培养学生小组的合作意识、竞争意识和荣誉意识，营造小组合作学习的激情氛围。

四、小组量化积分

小组课堂量化积分是对小组合作学习表现的评价和激励，积分包含个人积分和小组积分（小组成员个人积分总和）。具体计分如下：

（1）口头展示、补充，正确的加5分。

（2）上台板演，正确的加10分。

（3）对抗、纠错、质疑、点评的记10分。

（4）有效挑战老师、挑战教材，并得到教师认可的加10分。

（5）课堂出现违纪行为，教师可根据情节扣除个人积分5分或10分。

每天小组课堂积分的记录，由组长指定的记分员负责。汇总当天课堂积分后，于每天下午第四节课后交给学委，学委在晚饭前交给年级部和班主任各一份。

五、小组合作评价

1.日日点评

每天晚饭前学委将积分进行汇总，报告班主任。晚自习最后3分钟，由班主任对当天小组学习情况进行点评。

2.周周总结

每周各班要对班级内各小组进行一次积分排队，通过班会对优秀小组和优秀个人进行表扬，对暂时落后的小组进行鞭策。

3.月月表彰

年级部每月对各班小组合作学习情况进行大排队，通过年级学生大会，对优胜班级、优秀小组和先进个人进行表彰，并发奖状、上光荣榜。如表3-1所示。

表3-1 小组"展"评分表

评分细则	第1组	第2组	第3组	第4组	第5组	第6组	第7组	第8组
讲解同学入场退场安静不影响他人（1分）								
讲解同学出入迅速不拖拉磨蹭（1分）								
讲解同学教态自然大方声音洪亮（1分）								
讲解清晰有条理，重点、难点突出（2分）								
重点、难点有板书或其他道具等辅助教学方式手段（2分）								
参与讲解人数多，非个人独角戏，属集体力量（1分）								
本组成员讲解时出现错误，同组内成员能及时补充，或面对其他组的质疑提问时，本组成员积极协作应答（1分）								
其他组上台讲解时，认真倾听，并积极提问质疑或回答台下其他组提出的问题（1分）								
各组最后得分								

评分员：第_____组_____

注：打分方式采用回避制度，即评分员遇本组上台讲解展示时，不对本组打分

第三节 "6+1"高效课堂"练"的基本要求

"练"是"6+1"高效课堂教学的重要组成部分，其任务是让学生联系实际进行习题巩固训练，它既是课堂教学的延伸，也是课堂所学知识的迁移运用。为确保该环节高效，特提若干要求。

一、练习题组题要求

为确保习题质量和练习效果，对选题提出如下原则要求：

1.夯实基础原则

所选习题须侧重对基础知识和基本技能的训练，应有少量课本或导纲上的原题。

2.匹配所学原则

所选习题须覆盖当天所学内容，以达巩固运用之目的。

3.题型全面原则

所选习题须包括客观题、主观题等多种题型呈现形式。

4.难易适度原则

所选习题不能过难，也不能过易，还须具有典型性。

5.改编原创原则

每套试题包括至少20%的改编题、10%的原创题。

6.回顾旧知原则

所选习题须有与当天所学有联系的旧知内容，以达滚动训练之目的。

7.形态多样原则

所选习题既包括典型习题，也包括非典型习题，如作文、默写、背诵画图、实验等。

二、练习题组编机制

为确保习题质量，建立以备课组长为第一责任人组员分头供题、组长把关定夺、编辑成卷的习题组编机制。

（1）组长根据课标和考纲要求，结合学习目标和重难点，排列当堂所涉及的考点题型，并据此给组员分配供题任务。

（2）组员接到任务后，按照选题要求，精心选编习题，然后提交给组长。组员所供习题，在提交给组长之前须在草稿纸上试做，并将试做的成品，连同试题一并提交给组长。

（3）组长对照选题要求，对组员提供的习题进行甄别筛选，决定取舍，然后编辑成卷，并在每道题的题号后署上供题人姓名。

（4）习题成卷后，由组长指定一教师送文印室。送印时，需在文印室电脑上查验格式无误后方可交付印制，印制完成及时取回。

三、限时练习及其他

（1）限时练习即练必限时，自习课预备铃声响下发成卷习题，然后由学生认真审题，紧张作答（如有背诵任务，答题后延）；下课铃声响，立即叫停收取习题试卷。

（2）限时练习时，要求学生把握好三度，即快速度（充分利用每一分钟）、精准度（尽量避免出错）和规范度（规范答题，减少非知识因素失分，对于书写不规范的学生，扣除卷面分数）。

（3）在学生上交限时练习后，任课教师要及时进行批阅赋分，并在学校规定的时间内，将成绩单贴到班级教室的规定位置。成绩单中要标明学科、学生分数、完成率、张贴时间及要求。

四、格式与版面要求

1.格式要求

（1）标题。格式为"课题名称（第一课时）"，四号黑体不加粗且居中对齐，课题和课时中间有一个空格。

（2）试卷。试卷分为Ⅰ、Ⅱ卷，Ⅰ卷为客观题，Ⅱ卷为主观题。Ⅱ卷一般应设计成独立版面，首行为"班级姓名小组分数卷面"，五号宋体且居中对齐；涉及规范答题的题目，在空白处画出答题区域。

（3）大题题目。大题题目为五号黑体不加粗。

（4）试题部分。试题部分为五号宋体，数字和字母为五号 Times New Roman，小题题号和题干之间加"【 】"，并填入供题人姓名。改编或原创题，在供题人名字后加上"提纲""课本"或"原创"。

2.版面要求

（1）纸张设置。纸张设置为B4、横向，分为两栏。

（2）页边距。上下左右均为2.5厘米。

（3）页眉页脚。汉字为"楷体GB2312"，数字和字母为Times New Roman，字号均为五号。页眉内容从左到右依次为（以化学提纲为例）：

左侧："莘县一中课堂导学案"和编号："LHX0120220801"。"L"是限时练的缩写，"HX"是化学学科，"01"是限时练编号（即第一个限时练），"20220801"是使用日期。

右侧：使用时间和编制人、审核人。编制人为学科主备人。

第四节　"6+1"高效课堂"三备两研"的若干要求

课堂"6+1"教学，功夫在课前，关键是备课，每一节课的备课都需经过分头独立初备、集体备课和个人复备三个工序，是为"三备"；每一节课的集体备课分两次进行，是为"两研"。"三备两研"是高效"6+1"课堂教学的前期准备，也是课堂高效的重要保证，特提出以下要求。

一、个人初备

个人初备是教学工作的起点，是集备工作开展的前提。每一位教师对每一节课的教学均需提前数天进行独立初备，独立初备时要认真钻研教材，学习课标和考试大纲，分析学情，并在此基础上写出初备手稿。现对初备及手稿提出如下要求。

（一）初备内容

（1）本节课考点、考情（近5年的考试次数、题型、分值等）。

（2）教学目标（一般应3条以上）。

（3）本节课重难点。

（4）如何导入新课。

（5）课堂检测题的选编。

（6）基础感知：紧扣教学目标和重难点所涉及的具体问题。

（二）初备要求

（1）请将初备手稿的复印稿于集体教研的前一天下午5点前交级部。

（2）初备手稿要把两张写满。

（3）初备手稿务必书写规范且认真美观。

（4）自己的初备手稿一要用于集备，二要装订保存。

二、集体备课

集体备课能提高备课的效率和效果。老师们通过集体备课能够相互学习、共同探讨、深入研究，制订最佳教学方案，能促进青年教师快速成长，有利于教师的专业发展。

（一）备课要求

（1）以年级备课组为单位进行，每天在规定时间和地点进行两次集体备课。

（2）严格遵守时间，准时到达地点开始备课。本组教师带好备课资料，主备人带导学案、课件、限时练和周考题的初稿，复印或传给老师。

（3）组长（两个组长的，要轮流主持）主持集备。

备课组长必须提前备课，集备时把控好时间，不能前紧后松，也不能前松后紧。

集体备课必须分环节、按顺序进行，即在组长主持下一个环节一个环节地进行，每个环节主发言人均需按顺序进行（组长也可视情况无规律点人），前面发言者说过的，后面不重复，别人发言时，他人不允许插话，最后备课组长对大家的发言进行总结。

发言者要充分准备，语言准确简练，不拖泥带水，确保高质量。

组长要管理好集备全过程，其间应穿插点评，或纠正批评，或肯定表扬。

（4）中层干部监督到位，级部检查人员检查到位，统计结果以月为单位报王际宪校长。

（二）集体备课内容

1.研讨教学内容

研讨3天后的教学内容。

一研，上午研讨课件、学案。

依据此前的计划分工，由主备人对自己所负责的教学内容、课件与学案初稿做中心发言；由主发言老师（不少于3人）做补充，提出修改意见，形成导学案定稿。同时，要有"6+1"各个教学环节具体操作的研讨，明确各个环节教师如何做、学生如何动等。

二研，下午研讨限时练。

限时练、周考题（此前一天教师们按分工把所需选的题目发给组题人）由组题人做主备人，指出每题考查的目的和整套题编排情况，其他老师做补充，提出修改意见，形成限时练、周考题定稿，最后交付印刷。

2.制订教学计划

制订下一周的教学计划，根据教学进度、教学内容、课时数，将任务分配到人。教师根据领到的课题迅速编写学案、限时练和周考题，为下次集体备课做准备。

3.确定示范课

依据备课组计划通知下周示范课的课题、执教人、时间、地点。

三、个人复备

（1）充分备"展"。模拟"展"环节学生在自由展时可能会提出各种问题，备"展"上做足文章，以免被"挂"在讲台上。

（2）在"两研"的基础上，对初备手稿进行实质性大修大改（大修大改部分要使用红色笔书写，不能简单勾画了事），并于第一次上课前完成。

（3）"两研"之后，结合自己所任课班级的学情和自己的优长，对导学案进行个性化修改和进一步创新完善，为授课做好最后的准备，须在第一次上课前完成。

（4）将用完的复备手稿连同完善后的导学案，按序装订成册，作为个人业务成长记录予以留存。如表3-2所示。

表3-2　集备检查记录表

科目：_____　年级：_____　时间：_____　星期___，___年___月___日									
	请假、迟到、无故不到教师姓名	主备人姓名	上午无初备手稿的教师姓名	发言人是否认真发言	是否有与备课无关的活动和人员，具体情况是	研讨氛围是否积极、认真、专注	研讨的主要内容是	总体评价
上午								
下午								
备注：	1.研讨的主要内容由组长或检查人员自己填写								
	2.总体评价，按"好""一般""较差"等级记录								
	3.此表一次一填，每天把检查结果交课程中心								
								检查人签字：

第五节 "6+1"高效课堂听评观察维度

新授、复习课听评观察维度，如表3-3所示。

表3-3 新授、复习课听评观察维度

"6+1"教学环节			时长		评分（5分制）		
			新授课	复习课	环节	时长	效果
导	新课导入，激发兴趣	导入，教师用简洁明快的语言借助一定的媒介如图片、视频等，实现旧知向新知的导入，激发学生学习新知的兴趣（板书课题） 导学，教师简要地向同学们说明新课的学习内容、学习目标和需要解决的问题，以及一些注意事项（提示课堂教学目标）	5分钟	5分钟			
思	自主学习，研读深思	学生在教师的指导下、在导学案的引领下，认真看书学习，研读教材文本，独立思考、深入钻研、勾画圈点，自己解决老师提出的问题，同时，在自学过程中，还要提出疑惑，发现未知 整个环节，教师不停地巡转视察，密切关注每一个学生的自学状况，确保每一个学生都要精力高度集中，紧张、高效地实施自学	13分钟	13分钟			

续表

"6+1"教学环节			时长		评分（5分制）		
			新授课	复习课	环节	时长	效果
议	小组讨论，合作探究	一般先讨论教师提前预设的问题，再讨论学生提出的疑惑和小组讨论过程中碰撞出来的问题 这个环节包括两个方面，一是两两合作，互帮互学；二是小组讨论问题，解决自学中的疑难	5分钟	5分钟			
展	引导展示，鼓励质疑	让学生回答问题或板演	8分钟	6分钟			
评	精讲点评，归纳总结	教师精讲，或拓展，或点睛，或结论，讲规律、讲思路、讲框架	6分钟	8分钟			
检	当堂检测，及时反馈	在教师的引导下，学生对当堂课所学内容进行整体回顾、反刍内化和自我评价，最后再由教师对当堂所学内容进行抽查提问，或通过小题的形式进行检测	3分钟	3分钟			
练	巩固迁移，学以致用	课后的自习课，主要形式是让学生联系实际进行习题巩固训练，它是学生完成学习任务的最后环节	40分钟	40分钟			
评分采用5分制：杰出5分；优秀4分；良好3分；一般2分；待改进1分							

讲评课听评观察维度，如表3-4所示。

表3-4 讲评课听评观察维度

"6+1"教学环节		时长	评分（5分制）		
			环节	时长	效果
展	以错定标。展示学生考试得分情况、学生典型错误、学生优秀试卷，确定试卷讲评课的标准，有的放矢地进行教学	5分钟			
议	合作纠错。学生间的相互交流，让学生先解决自己能够解决的问题	6分钟			
问	互教共赢。两两或小组内不能解决的问题，可以进行组间询问；教师追问	9分钟			
评	精讲点拨。讲评典型错误和错因、审题和解题思路、本质与规律、方法与技巧、发散思维与变化	15分钟			
纠	巩固提高。学生自纠，订正错题，变式练习	5分钟			
练	巩固迁移，学以致用	40分钟			
评分采用5分制：杰出5分；优秀4分；良好3分；一般2分；待改进1分					

第六节 "6+1"高效课堂质量检查

"6+1"高效课堂教学质量检查组，如表3-5所示。

表3-5 "6+1"高效课堂教学质量检查组

星期	组长	组员			
周一	张仿刚	路中阁	陈海丽	张纪超	贾俊奎
周二	赵德宏	王现光	乔璐	李瑞杰	陈镇
周三	李维夺	沈子勇	袁际永	张敏	闫振玉
周四	陈云仓	丁兆慧	邵翠华	张传播	栗子春
周五	郝贵全	李占军	贾学强	王学彪	王昌成

1.重点检查
（1）在级部办公室，检查初备手稿：一是级部对初备手稿的每日检查记录单；二是抽查1~2科初备手稿，此两项用于评价级部；三是抽查初备手稿的承包干部签名，此项用于评价承包干部。
（2）在级部办公室收集承包干部填写的《集备检查记录表》，此项检查用于评价承包干部。
（3）6环节落实（当天的），记录在走动式检查单上，用于评价级部。
（4）限时练批改（昨天的），一是在级部办会室检查级部对限时练的每日检查记录；二是抽查班级限时练批改与反馈，重点看墙外张贴，此项用于评价级部。
（5）考试题目命制、考试过程检查、考后成绩分析。
（6）评教。检查要分为ABC三个等级。
2.每天上交检查结果给陈云仓主任
3.每周三下午第三节课后召开碰头会

"6+1"高效课堂环节落实"走动式"检查单,如表3-6所示。

表3-6 "6+1"高效课堂环节落实"走动式"检查单

6环节	导	思	议	展	评	检	用
新授课	5分钟	13分钟	5分钟	8分钟	6分钟	3分钟	40分钟
复习课	5分钟	13分钟	5分钟	6分钟	8分钟	3分钟	11分钟
讲评课	展	议	问	评	纠	练	
	5分钟	6分钟	9分钟	15分钟	5分钟	40分钟	
检查时段	周__,__午__时__分到__时__分			检查环节			
符合班级				不符合班级			
级部反馈/申诉							
级部量化扣分							
	说明:不符合环节要求的,每一例扣级部量化1分;学考科目不计入在内。每四周公布一次级部排名						

"6+1"高效课堂干部督导组，如表3-7所示。

表3-7 "6+1"高效课堂干部督导组

高一			高二			高三		
承包校长			承包校长			承包校长		
承包中层	承包学科	承包班级	承包中层	承包学科	承包班级	承包中层	承包学科	承包班级
	语文	1—4班		语文	27—30班		语文	1—4班
	数学	5—8班		数学	5—9班		数学	5—9班
	外语	35—39班		外语	10—14班		外语	26—29班
	物理	14—17班		物理	36—42班		物理	14—17班
	化学	22—26班		化学	31—35班		化学	18—21班
	生物	18—21班		生物	23—26班		生物	22—25班
	政治	27—30班		政治	15—18班		政治	10—13班
	历史	31—34班		历史	1—4班		历史	30—34班
	地理	9—13班		地理	19—22班		地理	35—37班

备注：1.请各位领导按分工检查学科的集备、课堂"6+1"实施。将集备检查结果：①在初备手稿上签字后交级部。②集备检查表交给级部；听课笔记每周四下午5：00前交课程中心；课程中心每周统计、公布检查结果。此结果用于对级部的量化评比和分包领导检查工作的评定。

2.学科集备的地点固定、时间固定（每天上午第3节和下午第3节），中层干部需跟踪学科进行检查。

3.听课节数：不兼课的中层干部，每天至少1节，每周不少于8节；兼课的，每天至少1节，每周听课不少于5节；"走动式"检查环节落实，每检查记录一个环节计为听课1节（每周最多按计2节）；此检查单与听课笔记周四下午一起交到课程中心。

第四章

"6+1"高效课堂师生心得

第一节　访谈篇

扬改革之帆，谋长远发展
——"6+1"高效课堂建设专题访谈

访谈对象：韩孟宽，莘县第一中学工会主席

笔者：杨丽静

从2018年开始，莘县一中就逐步推进以"导、思、议、展、评、检、练"为固定环节的"6+1"高效课堂改革。两年来，尽管遇到很多难题，但全体教师坚持学习、探索、总结，克服各种困难，使这一课堂模式在一中落地生根，实现了课堂"从教走向学"的转身，促成了学习在课堂上的真实发生。

日前，笔者就莘县一中推行课堂改革的缘起、选择"6+1"课堂模式的原因、对这种模式的认识以及这种模式是否适合所有层次学生、会不会限制教师个性等问题，对韩孟宽主席做了专访。

笔者：莘县一中教学成绩一直位居全市前列，课堂教学也有很好的传承，基于什么考虑还要对课堂进行改革？

韩主席：莘县一中有70余年的办学历史，是鲁西教育的一颗璀璨明珠，20年来教学成绩一直位居聊城市前列，教育质量逐步攀升。学校一直秉承"教学是学校工作的重心，课堂是教学工作的核心"的工作理念，高度重视课堂建设，也一直在探索课堂高效的路径。自2009年始，我们就开展了课堂微格教学研究，进行了课堂教学行为十项规范，提高了课堂教学效率。"6+1"课堂改革是我们经过多次论证、反复研究、局部试点逐步推开的。

这次课堂改革是学校对时代变化的切实回应，是教师发展的必然选择，也是学校提升的必然要求。

自2010年《国家中长期教育改革和改革规划纲要（2010—2020）》颁布，特别是2017年以来，中共中央、国务院关于基础教育的文件共有15个。这反映了国家对基础教育的重视，更反映了时代发展形势变化之剧烈。2017年，教育部党组书记、部长陈宝生受访时曾说："课堂是教育的主战场，课堂一端连着学生，另一端连着民族的未来，教育改革只有进入课堂的层面，才真正进入了深水区，课堂不变，教育就不变，教育不变，学生就不变，课堂是教育发展的核心地带。"

课堂构成要素包括教师、学生、教材、教学媒介四个要素。2017版新课标已颁布，2019年新教材已使用，互联网已接入教室终端，教室里坐着的就是有"数字土著"之称的学生，课堂已经大变样，教学理念与课堂结构的改变是必然趋势。

中国基础教育质量监测协同创新中心发布的《山东省普通高中教育质量综合评价2017—2019年结果反馈》显示，全省范围内教师教学方式都在改进，都在因材施教，引导自主探究，倡导小组合作。如图4-1所示。

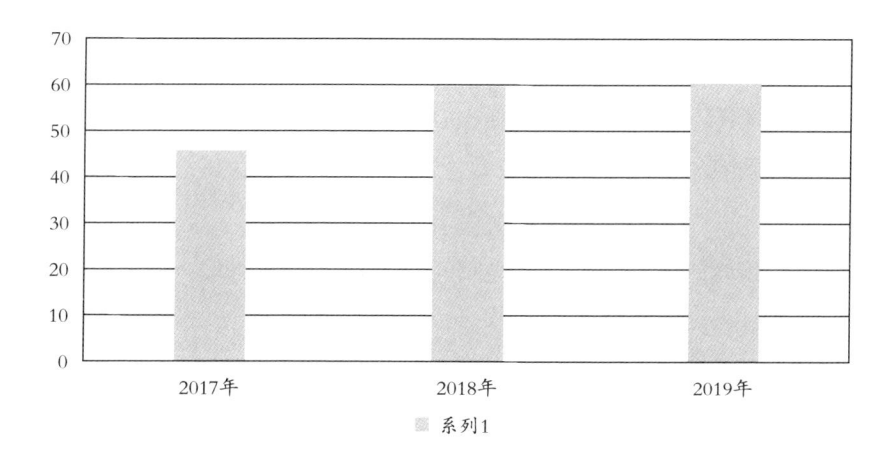

图4-1 教师教学方式改进指数

这启示我们要反思自己的教学方式与课堂教学行为。

我们也清醒地认识到莘县一中面临的"内忧"和"外患"。从内部看，教学质量难以取得质的飞跃，发展遇到瓶颈。从外部看，周边县区教学质量逐步提升，竞争日益激烈。

因此，面对从"知识核心时代"迈向"核心素养时代"的新形势，岳纪平校长旗帜鲜明地提出要重构课堂，探寻一中质量再突破的新路径。

笔者：人们常说"教无定法"，我们学校的课堂改革为什么选择了统一的模式？

韩主席：叶圣陶先生比较早地表达了"教无定法"的意思，不过他的完整意思是"教学有法，教无定法，贵在得法"。我们是否可以理解为"教无定法"的前提是"教学有法，贵在得法"？我觉得是可以的。

在《笑傲江湖》里，少林派方丈方证大师和武当派掌门冲虚道长，都是在武功有招的前提下成为武林宗师的；风清扬也是学了独孤九剑才成为绝世高手的。只有拥有足够的"定法"，我们才能从中化出"不定之法"，才会有精彩的可能。

就我校实际而言，教师队伍需要模式来提升，课堂改革步伐需要模式来推动。一是目前我们的教师队伍专业能力有较大差异，青年教师成为师资队伍的主流。二是以讲为主的传统课堂需要模式来推进，仅靠碎片化探索已赶不上教育形势的变化。而模式化是一种学习、规范、提升的有效途径，有利于老师快速成长，有利于推动课堂模式改革。所以，我们选择这样一种固定的课堂模式。

笔者：课堂教学模式很多，我们学校为什么借鉴了"6+1"高效课堂的模式，而不是其他或自创模式？

韩主席：见贤思齐，追求卓越，是我们教育工作者应该具有的情怀。岳纪平校长曾说："当别人比你优秀的时候，一定要充满向别人学习的热情。"

由于李金池校长在教育界的名气，我们很早就关注了精英中学。2018年，岳纪平校长和王际宪副校长在参加一个高端教育论坛期间，现场考察了精英中学的高效课堂模式，对它进行了深入思考和细致论证，发现它符合先进的教学理念，随后又赶赴长垣一中，实地了解"6+1"高效课堂的嫁接经验。之后又多次派出老师到精英中学和长垣一中学习考察，在全校召开讨论和论证会，认为这种模式与我们学校正在实验的"学为中心、分层施策"的导学案制度相契合，它完全符合思维发展的认知路径，可以借鉴。

笔者：听说不少学校在使用这种教学模式，我们学校在实施的过程中有没有丰富和发展？或者说，有没有新的认识？

韩主席：我们对它肯定是有丰富和发展的，新的认识也是有的。

第一点认识：一个都不能少。

"6"是教学过程的6个构成要素，一个都不能少。"导"与"评"是传统的优秀做法，是课堂的必备要素，不能少。"思、议、展、检"环节是"6+1"课堂的核心要素，深度学习、合作探究、成果展示、达标检测环环相扣，是体现学为主体、学为中心、从教走向学的必备环节。我们心中有这6个要素，也就有了基本的课堂教学路线图，这保障了课堂的基本水平。

第二点认识：什么不是"6+1"高效课堂。

第一，六环节隔离的不是。这6个环节，必须围绕核心学习目标，按照预设步步引导，层层推进，完成学习任务。

第二，课堂上，教师袖手旁观的不是。教师是课堂的主导，必须时刻敏锐地关注学生的学习状态、学习行为、学习进程、学习困惑、预设与生成。

第三，先讲后练的不是。老师先讲基础、概念、公式等，然后学生练，这是传统课堂。

第四，没有能力培养和思维提升的不是。这样的课堂，只是处理知识，而没有培养能力，没有思维训练，没有价值观养成。

第五，没有学生紧张参与的不是。学生的参与度与精神状态是衡量"6+1"高效课堂是否高效的标准之一。

第六，没有检测和反馈的不是。"6+1"高效课堂必须检测与反馈，及时检测与反馈是课堂教学的法宝。

一节课下来，学生应该有较强的获得感和成功感。

第三点认识：要细化配套措施。

高效课堂改革是项系统工程，不仅涉及课堂，还涉及师生管理，包括集备制度、自习要求、学生组织、小组职责、教师考核等。

我们必须调整时间表和课程表，以利于集备的落实；调整晚辅导制度，以便于单班辅导的落实；调整教案设计、导学案制作、限时练要求、观课量表等，以完备"6+1"高效课堂的工具；修订教师考核细则与绩效考核制度，把与"6+1"高效课堂相关事项纳入考核；细化学生管理，用小组量化积分来调动学生的课堂积极性；中层以上干部包级包班跟踪课堂，与教学同频共振，围绕教学核心安排工作，学校以此作为考核干部的指标。

针对"6+1"高效课堂的6个环节，我们要在6个方面下功夫。

第一，要在确定目标上下功夫。目标是先于内容的。我们这节课要干什么？从哪里开始？现在在哪里？到哪里去？我们考虑清楚这些问题，才能让目标可观可感。

我们要常思考课程目标、单元目标、课时目标等，这样我们想要的学科思想、学科思维最终才有可能进入我们的课堂，体现并落实在我们的教学中。

第二，在紧扣目标上下功夫。教学目标是引领课堂的，是课堂的方向，是学生的学习终点。六环节容易带来割裂感，所以，课堂要在紧扣目标上下功夫，一是内容组织要紧扣目标；二是活动组织要紧扣目标。

第三，在情境教学上下功夫。基于情境的教学是课标的刚性要求。情境是指学习情境、生活情境、社会情境、学术情境，它们分别对应高考评价体系中的基础性、综合性、应用性、创新性，教学活动中创设情境应从生活实践性、学习探究性来考虑，同时关注真实性和开放性。

第四，要在任务设计上下功夫。情境教学实质上是任务驱动教学。好的任务要有挑战性、综合性、现实性，能持久激发学生的学习积极性。

第五，要在方法指导上下功夫。"授之以鱼，不如授之以渔"，教师要教授可操作的、可表达的方法。面对学生出现的学习问题，教师要自我追问，追问"问题到底出在哪里""方法指导上是否有欠缺"。例如，学生不会提取关键信息，教师须自问："我给学生提供提取关键信息的方法了吗？"

第六，要在价值观上下功夫，要落实"立德树人"的要求。对于这一点，课程和教材是载体，课堂是途径。课堂要渗透思想性，要挖掘教材的育人价值。

笔者：学生的知识储备是不同的，学习能力也有高低之别，这一模式能适合各个层次的学生吗？

韩主席："6+1"这一模式让学习在课堂上真实发生，是一次深度学习，这一过程是：明确目标，依学案自学，交流探究，学习展示并与高手竞争，听教师点评升华拔高，牛刀小试。

有人担心，"6+1"高效课堂不适合学困生，恐怕主要原因应该是，在传统课堂上，他们的问题很可能被遮掩，老师就认为他学会了。在"6+1"模式下，他们的问题会暴露得更充分。我们认为，只有充分暴露问题，才易于解决问题。这种模式下的学习，更能得到有效而精准的帮助，使学生有获得感，从而逐步消灭他们学习中的困难。

尖子生与"6+1"模式的关系更简单。尖子生是最不依赖老师的，他们自我学习能力强，包括向课本学、向同学学、向错误学、向自己学，所以任何一种教学模式对他们来说都谈不上不合适，因为尖子生自我对照、反思、把控等元认知能力较强，某些时候，老师的"讲"反而有可能阻碍他们的发展。

笔者：此模式会不会削弱教师的讲授基本功？会不会束缚教师的教学个性？

韩主席：教学基本功是指教师完成教学工作所必需具备的技能。如果教师不具备这些技能，教学工作将受到影响。

显然，"讲"是教师的必备技能，甚至有人认为这是教师的第一基本功。但教师的"讲"对学生学习而言却不一定具有第一的地位。学习者的感受是"告诉我，我会忘记；让我参与，我就会学习"。大量的"讲"不是每一堂课的必需，而对"讲"进行限制却是每堂课的必需。"6+1"高效课堂对"讲"进行了限制，正是因为限制，"讲"才能更精练，更有针对性。而要实现"讲"的精练和针对性，教师们更要苦练"讲"的基本功。

关于"课堂模式束缚个性"的问题，我们认为，这个是不存在的。人的个性体现在他的一言一行中。"6+1"高效课堂上有了更多的师生互动，也有了更多的知识生成，教师的个性、气质、思想在与学生互动以及处理新知识时，会表现得更充分。

笔者：就目前来看，"6+1"高效课堂改革已见成效，您对莘县一中的课堂改革有什么展望？

韩主席：岳纪平校长说过，课堂是一个学校核心竞争力的窗口，课堂改革永远在路上。"6+1"虽已初显成效，但我们不会止步。我们还要继续拓展思路，探究实践，在理念的内化上，在形式的创新上，在内容的丰富上，在核心素养的形成上，再下功夫，使"6+1"高效课堂真正具备莘县一中风格，成为莘县一中的"6+1"。

第二节　赛课篇

立足新课改，我校展风采
——全县高中英语课堂观摩活动顺利举行

2020年12月23日星期三上午，高中英语教研活动在我校顺利举行。高中教研室庞主任，我校领导韩主席与来自莘县一中、实验高中、二中，莘州中学、职业中专和培训中心的全体英语老师在莘县一中会聚一堂，观课、评课，切磋交流。

我校高一年级张静老师执教Book2 Unit2 Understanding Ideas（2）*The Real Father Christmas*，高二年级曹国霞老师执教 *Why Shennongjia*。张静老师的课属于泛读后的精读课，在"导"的部分，她引导学生复述课文，头脑风暴多彩的节日，然后在情境语篇中让学生回顾所学核心词汇，激发了学生的兴趣，再现了学生的情境记忆，为"思"的部分做好了铺垫。接下来的课堂环节环环相扣，小组讨论，合作探究，积极展示，精要点评，达标检测流畅进行。曹国霞老师在"导"的部分让同学们观看了一段相关话题的视频，把在场的师生带入了一个美的世界，这种情境渲染吸引着同学们迫切走进课堂，去了解更多，接下来的"思"环节老师指令清晰，学生时间充足，有效锻炼了学生的思维。"议"和"展"的环节，学生积极主动，小组竞争热烈。老师的"评"采取讲练结合的方式，充分体现了学以致用的理念，同时本节课还有感情升华，做到了"立德树人"渗透课堂，"检"的环节效果达成很好。

两位老师的说课让我们更清楚地理解了她们课堂设计的独具匠心。张静老师详细解说了每个课堂环节的具体设计；曹国霞老师对教材内容和学情进行了分析，阐述了所设定的教学目标，介绍了教学策略与流程。

评课环节很精彩，二中的常丽华老师说我们莘县一中"6+1"英语课堂是一种创新，一种创意，老师成了课堂上的组织者、引导者和合作者。两位老师的课思路清晰，重点突出，实用性强，学生积极自主探究，学习习惯良好。莘州中学张丽老师的点评充满诗意和智慧，她说莘县一中"6+1"英语课堂有灵魂，老师心中有学生，学生有所思，有所议，有所疑。同时，她真诚地谈了自己的想法，认为"展"环节就是鼓励与激励，"评"环节未必独立，可"评"内容可以是态度、精神、方法等，"检"环节要让学生知道自己收获了什么。实验高中的王玲燕老师这样评价两位老师的课堂：放得开，导得稳，讲得精，环环相扣，层层递进，游刃有余。同时王老师无私分享了她们关于词汇教学的系列做法，让我们受益匪浅。最后，我校高二年级备课组长王艳锋老师对这两位老师的课进行了翔实的点评：从教学内容看，张静老师上的是一节常态课，经过精心准备和设计，对"6+1"各环节的时间做出了调整，思路符合学生的认知水平和发展规律，所以学生学习主动性强和积极性高，讨论激烈，展示踊跃。张老师敢于尝试对重点句子的paraphrase，难度很大，但经过张老师引导，学生回答得很棒。在"评"的环节，张老师评了三部分，一是paraphrase的方法，二是强调重难点，三是总结整节课的词汇、词块和句型。检测之后，对学生进行了情感升华，呼吁学生将传统文化代代相传。整节课环节紧凑，设计合理，讲解透彻，学生参与度高，是一节优秀的英语课。曹国霞老师的讲课内容是Why Shennongjia，神农架景美，曹老师课件美，人美，声音美，态度和蔼，很具有亲和力。"思"的环节包含本节课的重难点：标题的意义，神农架被列入联合国教科文组织世界文化遗产名录的原因，难点句子的翻译，探索列数字、举例子和作比较的写作手法，比较麦夸里岛和神农架的异同加深对课文的理解。"评"的环节，强调词性转换，状语从句的省略及三种写作手法的重要性；紧接着传递了环保节约的价值观；最后通过课文缩写填空复习了整篇文章，借助核对练习三的答案巧妙地再次强调写作手法的运用，布置作业对其进行灵活运用。本堂课目标达成度高，是一节精彩的英语课。

  学科组长曹凤英老师应邀分享了我校英语组的教学做法。她说英语组全体成员百花齐放，和谐共进，精心打造"6+1"英语课堂。英语组六环节教学体现了方法渗透，思维训练和效果达成；限时练的制作尝试原创题目来适应学情和新高考。同时英语组开展了"疯狂读写"教学，引领学生读时文、读美文、读报纸、读名著等；教会学生欣赏语言，积累语言，拓宽学生的生活视野；鼓励学生用英文写随笔、写日记、写续写、写概要等。让孩子们通过"用英语做事情"来提高他们的英文水平。

研讨会的最后环节，由县教研室英语教研员庞主任做总结。庞主任的总结高屋建瓴，主要从以下3个方面谈了自己关于研讨会的几点思考。

1.育人

《中国高考评价体系》中的"一核"要求我们培养拥有社会主义情怀的接班人。新高考充分体现了德、智、体、美、劳"五育"并举的理念，所以育人是教育的首要目标，我们要把"立德树人"的思想渗透到课堂教学中。

2.转变

《中国高考评价体系》"四翼"中的基础性、综合性、应用性、创新性解决了高考"怎么考"的问题，新高考会在真实情境为载体的材料中考查考生解决实际问题时所采用的方法，看其"德"观其"思维过程"。语言能力、文化意识、思维品质、学习能力等学科核心素养要求我们的老师要改变传统的英语教学方式。

3.阅读

新高考题型发生变化，阅读分值增加到50分，写作分值增加到40分，占据试卷总分三分之二的比例，这要求我们的英语教学必须走读写一体化的道路。学生的现状很尴尬，语言积累贫乏，生活常识匮乏，因为不读西方名著难续西方故事。所以，我们的英语教学一定要以语篇为依托，海量阅读，广泛阅读，厚积薄发，优雅输出。

最后，庞主任语重心长地向全县英语老师提出了几点希望，大会圆满结束。

学习新课标，推进新课改
——全县高中语文课堂观摩活动总结

2020年12月21日上午，全县高中课堂语文教学改革交流研讨会在莘县一中举行，莘县教研室靳章勤主任、语文教研员梁尧辉老师和我校领导岳纪平校长、韩孟宽主席以及莘县一中、实验高中、莘州中学、莘县二中的全体语文老师济济一堂，共同参与观课、评课、研讨活动，本次研讨会由孔山岭主任主持。本次活动精心安排，执教老师精心准备，老师们积极参与，说课评课环节精彩到位，学科教研主题突出实用，活动圆满结束。

经过备课组推荐，由高一年级的陈文静老师和高二年级的张栋栋老师执教本次研讨会的研讨课，两位老师精心准备。陈文静老师执教《时评文写作指导》，她的课堂凸显了强烈的新课标意识，课堂设计勇于创新，学习情境的创设、任务驱动的设计、思维导图的使用是她本节课的最大亮点。张栋栋老师执教《五代史伶官传序》，他的课堂，学生预习充分，课堂环节流畅，小组激励策略运用娴熟。两位老师结合各自年级学情，精心备课、磨课，制作了思路清晰的幻灯片、规范的导学案，都能按照"6+1"模式，"导、思、议、展、评、检"环节完备、操作灵活、内容翔实，体现了实效性、可操作性。学生课堂发言积极、活动充分，师生配合良好，都能很好地完成学习目标，课堂生成性良好。

说课、评课环节精彩到位。

首先，由陈文静、张栋栋两位执教老师依次说课。他们结合新课程标准和学情阐明了课堂目标设定的目的，同时对如何在教学设计中渗透语文核心素养，对课堂中的情境性设计做了解释和说明，最后对自己授课后的感悟做了说明。

接下来是莘县二中的程俊平老师、莘州中学的辛喜玲老师、莘县实验高中的王延峰老师依次进行评课。

程老师对莘县一中的课堂改革大加赞誉，她用三个词来概括莘县一中的课堂特点的变化：实在、实用、实效。程老师同时提到了莘县二中的语文教学，她认为语文教学应该是让每个学生发挥自己的特长，"一花独放不是春，百花齐放春满园"。她认为教学相长，最能体现语文教学的特点，在有些方面，学生能超越教师的高度，老师与学生在语文课堂上共同进步，是语文课堂最幸福的地方。

辛老师重点谈了她对"导、思、议、展、评、检"六环节的认识和体悟，她从一种课堂模式，一种思维能力的养成，一种自主学习方法的落实，一次深度学习的发生四个方面来阐释自己对语文课堂的理解。最后，辛老师重点强调了深度学习的策略和意义，她认为作为老师，一要关注教书育人的落实，能够对学生人生产生深远影响的才是我们学生的核心素养。二要关注教学设计的结构：本节课要如何设计、呈现、解决相关问题是老师须重视的要点。三要关注教学过程的实施，要以创设问题情境为切入点，从而激发学生的求知欲，以引导学生进行深层次学习。四要关注学生的状态，培养学生独立思考的能力，让不同层次的学生都有自己的收获。

王老师重点对两节研讨课的优缺点做了点评。他认为两节课共同的优点是学生的主体地位得到了淋漓尽致的体现，两节课学生的活动时间都做到了三分之二，同时他认为模式是一种限定，是"戴着镣铐跳舞"，但两位老师都能做到游刃有余。他认为两节课的共同问题是生生交流碰撞多，而师生交流碰撞较少，并且用数据说话，陈文静老师3次提问，有1次追问，张栋栋老师有9次提问，有3次追问，这些追问都是有效的，但是有些时机，该追问的时候没有追问，使这两节课有些遗憾。"对话意识"应该引起两位老师的重视。

莘县教育局高中语文教研员梁尧辉老师重点谈了两点：一是语文学科的重要性，二是新课改应该注意的问题。梁老师结合刚刚结束的县优质课评选活动，详细地阐释了新课改应该注意的问题：语文要活而不空、活而不乱、动静结合、动静有趣。她重点指出语文课不是展示课，不是作秀课，不能只追求形式，不追求内容。她强调语文课应该注重诵读涵咏，这样的语文课才是具有语文特色、具有语文味道的课堂。

最后是莘县教育局教研室主任靳章勤的发言。靳主任对全体语文老师提了三点要求：

第一，语文教学一定要遵循课标精神，重视阅读，得语文者得天下，得阅读者得语文，作为语文老师一定要重视阅读，抓好阅读。

第二，语文教学要关注时代、面向社会、深入心灵。靳主任用历年春晚与高考题的例子，生动鲜活地论证了只有关注时代，才能在高考中胜出的观点。

第三，语文老师要做有学问、有思想、有情趣、有才气、有胸襟的老师。他呼吁全体语文老师要坚持阅读、坚持写作，这样才能让自己有眼界、有实力、有思路、有作为，因为有眼界才有境界，有实力才有魅力，有思路才有出路，有作为才有地位。

满眼生机转化钧，天工人巧日争新
——全县高中思想政治"6+1"高效课堂观摩活动圆满落幕

寒风瑟瑟冬意浓，教改研讨暖如春。2020年12月23日，全县高中思想政治学科教学观摩活动在我校成功举办。高中教研室庞主任、莘县一中、实验高中、莘县二中、莘州中学的思想政治课教师齐聚莘县一中，开展观课、评课、教研活动，近距离感受"6+1"高效课堂的魅力。

我校高一年级刘红云老师执教必修二第四课第二框《我国的社会保障》，刘老师完美地展现了"6+1"高效课堂的原生态魅力。刘老师以"回望十三五，夸夸咱社保"视频导入，激发学生学习兴趣。设置三个议题"种类多、保障全""安全网、减震器""公平、适度、权责清晰"，符合思想政治议题式活动型课程性质。在议题材料选择上，贴近学生生活实际，运用莘县社保数据，让学生分享身边的社保事例，感受莘县人民政府贯彻落实党和国家的社保政策，从而增强对我国社会保障制度的政治认同。"导、思、议、展、评、检"6环节层层深入、有序推进，教学目标达成度高，得到与会老师的一致赞赏。

高二年级张广磊老师执教选择性必修一第六课《认识经济全球化》。课前全体学生自觉站立激情背诵，震撼全场，展示了莘县一中学生斗志昂扬的奋斗姿态。张老师运用文字材料、视频图片，课堂容量大、内容充实。设置总议题"揭开经济全球化的神秘面纱"，两个分议题"聚焦经济全球化""解析经济化"，符合思想政治议题式活动型课程性质。张老师设置两轮次"6环节"，激励学生抛开课本、自主表达、适时追问学生，运用思维导图，引导学生深度思考，并以自己的激情点燃课堂，学生整堂课积极发言、踊跃展示、争抢回答，课堂氛围活跃有度、课堂效果紧张高效。张老师的本堂课既运用时政材料，又融合经典诗词，增强学生文化自信的同时，旗帜鲜明地讲明中国对经济全球化的坚定立场，决心不变、信心不减，绝不会走历史回头路。

在说课环节，刘红云老师向大家详细介绍了自己的设计理念，本堂课的设计贯彻习近平新时代中国特色社会主义思想，凸显思想政治学科立德树人的根本任务，注重培养学生"政治认同、科学精神、法治意识、公共参与"的学科素养，落实莘县一中"6+1"高效课堂教学模式。张广磊老师说到自己本堂课的遗憾，课堂进程前松后紧，时间稍显紧张。张老师也说到自己本堂课设计思想，落实习近平总书记在思想政治理论课座谈会上的精神，活动设计中以学生为主体，引发学生的深度思考，运用思维导图，锻炼学生的发散性思维。两位老师的说课让我们更加深刻理解两堂课的设计初衷，体会到两位老师的匠心独运和隐藏的精彩。

在评课环节，莘县二中冯秀丽老师谈道：刘老师和张老师的课都很好地贯彻了习近平新时代中国特色社会主义思想和十九届五中全会精神，凸显了思想政治课时政性的特点。教学环节完备，教学过程流畅，"导、思、议、展、评、检"，突出了"以学生为主体、以教师为主导"的新课改理念。同时冯老师提出了大家可以共同思考和探讨的问题，学习目标的设置是否真正符合学情？教学难点的展示是否会阻碍学生的学习？小组讨论过程中，中心发言人聚焦在"特定"的几位同学身上，如何让全体学生参与并积极发言？

莘州中学张淑花老师点评到，刘老师和张老师的课都运用情景材料，进行情境创设。尤其点赞张老师鼓励学生丢弃课本，自主表达，对学生进行深度思维训练。张淑花老师谈到什么是一节好课？其一，学生要深入学习，在任务驱动下自主深思、合作探究；其二，问题情境设置要以事实为基础，以逻辑为主线，以活动为载体，以思维为核心；其三，学生活动多样化，如辩论赛等，引导学生辩证地认识和分析问题。

实验高中苗振军老师指出《新课程标准》要求教师引导学生自主学习、合作学习、探究学习。肯定了刘老师和张老师的课堂，称赞两位老师都精心制作课件，规范编制导学案，6环节有序推进，凸显以学生为主体。同时指出思想政治课要落实"立德树人"的根本任务，情景材料的选择必须慎重，来源必须是主流媒体，如央视网、人民网、新华网等。情景材料的运用要深度剖析，如通过"微笑曲线"延伸思考经济全球化的影响。

莘县一中朱艳红老师先向与会同仁详细介绍莘县一中"6+1"高效课堂模式。提到随着"6+1"高效课堂模式的深入开展，"高效课堂改革计划"已初见成效，每日的集备和教研越来越规范；"学生主体"教学理念越来越深入。学生的学习越来越主动，限时练的批改越来越细致。但是，在实施的过程中也发现了一些问题。一中有决心，在前进的路上，实时且及时地做出必要调整，积极地解决遇到的每一个难题，让学生发展得更好，让一中的明天更美好。朱艳红老师也提出了自己的一些认识：政治课应该是有温度的。应该把探究的权利还给学生，教师应该是学生自主探究的指导者、陪伴者和欣赏者，这样的课堂师生关系融洽，学生愿学、善学、乐学。政治课应该是有深度的，设置的问题应该层层深入、环环相扣，引导学生逐步深化对于问题的思考，让学生学会用学科思维解决现实问题。政治课也应该是有效度的，目标制定要符合学生的实际，要能体现核心素养，知识的展开应该服从素养培育的进程，从而达到思政课"立德树人"的目标。

研讨会最后环节，莘县教育和体育局教研室庞爱英主任作总结发言。指出思想政治课学科的价值观导向性，教师教学要坚持"8个相统一"，教师要及时为学生补充时政材料，且材料的选择务必慎重、精准。庞主任说无论是什么课，教师在说课时都有遗憾，经过专家点评，个人反思，再次上课就是一节优质课。庞主任分享《中国高考评价体系》主要由"一核""四层""四翼"三部分组成。"一核"为核心功能，即"立德树人、服务选材、引导教学"，回答"为什么考"的问题；"四层"为考查内容，即"核心价值、学科素养、关键能力、必备知识"，回答"考什么"的问题；"四翼"为考查要求，即"基础性、综合性、应用性、创新性"，回答"怎么考"的问题。庞主任高屋建瓴地提出两点思考。

其一，育人。思想政治课要"立德树人"，思想政治课教师要"教书育人"，身体力行地回答好"培养什么人、怎样培养人、为谁培养人"这一教育的根本问题。习近平总书记在全国教育大会上进一步强调，要把"立德树人"融入教育各环节，贯穿教育各领域，健全立德树人落实机制，培养德、智、体、美、劳全面发展的社会主义建设者和接班人。

其二，转变。扭转不科学的教育评价导向，坚决克服唯分数、唯升学、唯文凭的顽瘴痼疾。改变对学校的评价，注重学生的全面发展，引导学生培养高尚的品德、创新的思维、健康的体魄、良好的审美情趣、崇尚的劳动品质。

教学是一门科学，更是一门艺术。水平越高的课堂，艺术的成分越多，越需要我们在守正中创新，在改革中发展。莘县一中的"6+1"高效课堂改革的步伐不会停止，在这条鲜花与荆棘丛生的路上，我们必将会欣赏到风景更美的课堂，享受到更有教育意义的幸福。

同课异构研讨活动暨第十届赛课活动（1）
生物学科总结

为了深化"6+1"课堂改革教学行为，为教师搭建展示平台，为提高我校教师业务水平，我校开展了同课异构研讨活动暨校优质课评比活动。我们生物组在4月8日下午，于致远楼西三阶梯教室内，展开了"长句表达"攻坚赛课活动，历经4个小时的赛课、说课、评课和总结陈述，圆满完成了本次教研活动，本次研讨活动对我们教师的教学及教改都起到了很好的推动作用。现将具体情况总结如下：

1.领导高度重视，全组教师积极参与

为了保证活动的实效性，经过研讨确定了赛课教师推选方案，首先经年级初赛取成绩最优者参加学校赛课活动。为了保证活动的真实性，成立了以陈记春老师为组长的评审小组。通过研讨确定本次赛课的课题是《"长句表达"专题教学》，选定本课题主要基于几点考虑：近年高考生物学试题中长句表达答题比重明显增加，主要设问包括解释原因、阐明理由，说明判断依据等。考生解答这类问题往往失分较多，主要表现有：思路混乱逻辑不通；答非所问或词不达意；丢三落四，对而不全；生物学术语使用不规范等。如何解决这一难题是课堂教学中应当重视的课题。本课题得到全体老师的认可，在全组教师的大力支持，尤其是组长和骨干教师的配合下，所有教师都能积极参会，认真听课，课后积极分享自己的交流心得体会，交换看法，从而更新了观念，提高了认识。

2.参赛教师准备精心，教学效果精彩纷呈

本次活动首先由教师自主报名，经年级赛课评选推荐出刘秀婷、于一凡、王利丹三位老师参加学校的同课异构赛课展示。所有参赛教师都能按照学校的"6+1"课改模式进行，都能认真钻研"长句表达"的突破方案，分析学情，深挖课标与教材，合理安排教法，合理使用多媒体教学，优美动听的音乐、清晰亮丽的画面、真实逼真的视频会让人感受到轻松、愉快的学习氛围。在参赛教师的精心准备下，每堂课都很成功，都给人耳目一新的感觉，对我们的教学和课改起到了积极的推动作用和示范作用。

3.专业水平和教学能力显著提高

讲课结束，进入评课研讨环节，授课教师说课，各备课组长和教师代表评课，然后张敏主任对本次教研活动作点评，最后张增峰校长讲话，主要是对生物组的下一步工作和工作态度提出更高的要求。

刘秀婷老师在说课中充分分析考情和学情，针对高一学生的思维特点，本堂课设计从教材中的课后习题出发，通过学案上的步步设问，逐步引导学生深入思考，帮助学生渐渐明晰"长句表达课题中有关遗传规律"的答题思路。

通过思维风暴和集思广益环节充分调动学生的积极性和主动性,并且开发了学生的思维,更能体现小组合作学习的意义。通过"展"和"评"师生共同构建并认同长句答题模型"起因—本质—结果"的答题模式。刘秀婷老师在反思中写道"触龙说赵太后""父母之爱子,必为之计深远",我们同样关心爱护我们的学生,对于高一学生而言,以长句表达主体的高考专题,学生首次接触,难度稍大,但是如果能自主探究出表达模板,并经过多次锤炼,形成做题模式,那么,未来学生的整体成绩必有大幅提升。我以后会多做此类尝试,为学生的未来助力。"可见,刘老师对学生的爱之切、对教学的用心之专。

于一凡老师的设计思路:先展示了月考中有关长句表达的题目,让同学们思考后提问,指出答题中的不规范并讲解做题思路,告诉同学们长句题型在高考中出现的频率很高,应当引起重视。展示教学目标,明确本节课的教学重点——探究"现象—原因"类题的一般规律和方法。"思"的过程是做导学案的相关题目,这些题目基本都是"现象—原因"类题,让学生在做题的过程中加深对此类题目的印象。"议"的过程中发现学生对于导学案上的题目处理比较困难,对于部分题目进行了指导和讲解。"展"的时候采用了黑板板书的形式展示了导学案上的5个典型问题,抓住重点。"评"的时候先以第一个问题为例分析作答的一般方法——找起因结果及之间的媒介,建立模板,找出关系,明确答案。"检"的环节是巩固本节课所学的知识。

王利丹老师本节课的设计思路是:先展示了近两年来关于长句题型的出现频率,告诉同学们长句题型的重要性,引起大家对本堂课的重视。接下来介绍了教学目标,明确本节课的教学重点,让学生对本节课内容了然于心,并初步介绍了几种长句题型的类型。"思"的过程主要是围绕"现象—原因类""差异—依据类""结果—结论类""结论—依据类"这四类长句问题,让学生作答。小组围绕长句表达的答题模型展开讨论,并形成本小组的答题模型用于展示交流。"展"的时候采用了板书的形式,这样在"评"的时候可以以此为例分析在作答过程中经常出现的问题。如果口头展示的话,同学们会很快忘记。"选"的展示过程中,同学们发现的答案中出现了很多人都存在问题的答案。"评"的时候，先是点评了板书答案，然后分析每一种类型的分析过程，包括解题思路以及答题模板，让学生自己分析展示起因—本质—结果，最后总结标准答案。"检"的时候做了2020年山东高考题，巩固本节课所学的知识。通过课堂反应表现出高三学生对长句表达仍然存在"答非所问，无从下手"等现象。

参赛教师都有这样的感受：讲一堂优质课就逼迫你深入研究教材和课标，这样加深了对教材和课标的理解，讲优质课就逼迫你设计最佳教学方法，这样教学能力就提高了。开展优质课评比更是全组教师积极进取的推动力。一方面，教师可以通过互相听课取长补短，对自己教学提高有帮助；另一方面，通过备课组长和骨干教师的评课，能加深我们对教材、教法和教改的深入理解，甚至可能收获我们自己永远没有发现的问题。

4.精彩点评指明方向

备课组长和领导们对本次教研活动给予肯定的同时也指出了问题，并指明了以后生物教学的方向。

评课意见：本届的赛课活动，从课题的甄选到授课教师的遴选再到今天的赛课展示，每个环节都能体现出我们生物组严谨求实的作风，一切为了学生的教风，和谐奋进的组风。通过本次赛课，各位授课教师在严格执行"6+1"教学模式的前提下，展示出了各自的功底和独特的教学风格，为全体老师提供了学习借鉴的机会。三位老师通过不同的方式帮助学生构建了因果类——架桥法；设计思路类——自变量的控制+因变量的检测；遗传推理类——条件处理+本质分析+结果结论，这三种解决长句问题的答题模板，为学生的长句作答提供了答题纲领和依据。同时我们也注意到模板再好也不一定得分，只有将专业术语和结论性语句与模板有机结合起来才能做到长句少失分或不失分，这就要求我们全体生物教师在日常的教学中要强化专业术语的使用和结论性语句的记忆，要让学生们做到熟能生慧。

张校长指出：长句表达中考查的是学生的思维能力和知识的逻辑性，所以小组合作学习尤为重要，不要让小组活动停留在表面，要让小组合作不断深入，让学生逻辑思维在小组讨论中得到提升，让学生的思维在积极参与中得到升华；同时张校长也对我们年轻教师提出了更高的要求。

本次活动中所有的参赛者都能积极充分调动学生的积极性和主动性，通过层层递进的问题设置，让学生亲历了在提出问题、获取信息、寻找证据、检验假设、发现规律等过程中习得生物学知识，养成科学思维的习惯，形成积极的学科态度，发展终身学习及创新实践能力。生物学本身就是在坚持人与自然和谐共处，树立生命观念，认识生命现象，探索生命规律；形成科学思维，对生物学议题进行思考和论证，通过小组探讨形成合作精神；通过解决现实生活问题培养学生的实现活动意愿和社会责任感。本次教研活动让我们加深了对生物教学中核心素养落实的理解，让我们找到了存在的问题，也指明了未来的方向，我们在教育的道路上要敬畏时代，让生物教学承担起学生生命观念的培养，科学思维的训练，科学探究能力的提高和社会责任感的认同，让我们且行且思，且思且行。

同课异构研讨活动暨第十届赛课活动（2）

教学组总结

本次赛课活动，高一的两位老师都规范使用了"6+1"课堂模式，紧扣赛课主题：一题多解、一题多变，启迪学生从不同角度思考问题，用多种方法解决问题，培养学生创造性思维。白雪老师结合高一学生学情，设计了《正弦、余弦定理的综合应用》这一课题，"导"的环节用心准备了励志视频，精选例题，用心设计变式，让学生展示了应用正、余弦定理解决问题的灵活性，启迪学生用多种方法解决三角形问题，培养学生的逻辑思维能力及运算能力。"评"的环节注重方法总结。张付涛老师用"一题多解生枝干，一问多变叶满枝"开篇引入课题《平面向量复习——多解多变问题探索》，张老师启迪学生多角度多层次探索向量的模及与向量有关的最值问题，除了常规解法，张老师还引导学生利用解三角形及坐标法等角度解决向量问题，层层推进，不断提升，强化学生的深度思考能力和创新能力。

高二年级老师参与积极，听课准时；认真准备，主动学习；此次赛课活动有年富力强的李彬老师、青春活泼的王静卫老师、沉稳干练的王艳平老师、和蔼可亲的李敏老师参与；他们应用的都是"6+1"课堂模式，6环节齐全，层层递进，紧紧围绕一题多变、一题多解的主题，展开教学。

　　新高考和新课标的背景下，李彬老师选择了通过构造函数解决有关不等式的问题，来探讨逻辑推理数学核心素养的培养，同时渗透了一题多解、一题多变的数学思想，目的是提高学生分析问题和解决问题的能力。

　　王静卫老师从学生月考情况出发，由于最后一道有关双变量恒成立问题正确率太低，学生掌握不太好，主要是找不到解题思路，对双变量问题不会分析，因此确定了以"与双变量有关的恒成立问题"为这节课的课题。课堂主题提倡一题多解、一题多变，在新高考改革背景下重视培养学生深度思维能力和创新能力。

　　王艳平老师指出二项式中特定项和多项系数求和，是常考题型，该问题的考察灵活多变，多以选择填空形式出现，王老师以5个变式训练问题为引导，来让学生独立思考探究，体会一题多变中数学的魅力，对于多项系数求和的问题以题组形式，进行赋值探究。通过两问题引领，让学生学会反思和探究数学问题的多变性。培养学生的分类和知识整合能力以及合作学习能力。

　　李敏老师考虑到学生基础的实际，多种问法，找到问题的本质，函数单调性与导数的关系，以不变应万变。为使学生积极参与课堂学习，李敏老师主要提出了两种学习方法：一是合作学习：引导学生分组讨论，合作交流，共同探讨问题；二是自主学习：引导学生通过亲身经历、动口、动脑、动手参与数学活动。

　　高三田昌喜老师、邵翠华、冯雪婷三位老师都做了十分充足的准备，在坚持不改变固有教学进度的情况下，设计时要紧紧围绕主题，从高考中来，到高考中去，教学环节清晰明了；整堂课思路清晰，环节紧凑，重难点突出，设计合理，题目选取典型，对题目充分挖掘，有深度，能很好地细化考点，课堂上每个学生都能积极地参与到课堂中，学生能站在新的高度，从不同角度，通过不同方法去思考问题、分析问题并解决问题，提升学生的思维能力，老师也能引导学生多角度多层次地分析问题，放手让学生展示，又能在点评时用简单明了的语言启迪学生以更多的角度思考，生成更多巧妙的方法，充分体现了一题多解，一题多变，多题归一。

三位老师在"导"的环节中：层层递进、步步深入、引出课题；展示高考怎么考，让学生心中有数；必备知识为解决问题提供重要知识支持；帮助学生形成知识网络；掌握学情，对学生做的情况有了解，对学生有激励，激发学生学习欲望与兴趣；教师在导入的过程中，能用简明扼要的语言向同学们说明本节课的学习内容、学习目标和需要解决的问题，以及一些注意事项。

在"思"环节：指向明确、任务、具体，并且有变式，避免课上有学生闲下来，在整个环节中，教师也能密切关注每一个学生的自学状况，确保每一个学生都要经历高度集中的紧张高效的自学。

在"议"的环节：问题要求明确，学生能积极主动地进行对议和互议，解决自己的疑难点。

在"评"的环节中，能做到解题方法及解题思路的突破，解题规律的总结。

在授课结束后数学组的各年级备课组长、秦庆磊主任、郝贵全主任、李维铎主任对各位选手的课从课堂模式、数学学科本质进行了认真评课，指出共同的优点，各自的亮点，每节课的不足处和遗憾处。周宗全校长对两天来认真参与听课的老师及其精彩表现表达了感谢，同时指出我校数学组教研之风越来越浓厚，教研的路径越来越清晰有效，同时阐述了本届赛课主题"一题多解、一题多变"的意义有：引导数学教师平时强化专业素质的提升，展示在"6+1"模式下还原数学课堂的数学味，展示数学之趣、数学之美，提高学生学习数学的兴趣，引起老师们对"6+1"模式"评"环节的功能、教师能力的思索，强化"评"的环节对数学方法、规律、技巧、思想的总结和升华，平时课堂学习情境要与新高考衔接，最后岳校长对本次听评课进行总结和指导，岳校长首先肯定了各位参赛选手的充分准备和精彩授课，同时中肯地对课堂存在的问题进行了点评，岳校长对我校数学组教研之风和教研能力的明显提升给予了充分的肯定，还对数学组未来的发展提出了更高的要求和美好祝福。

"同课异构"研讨活动暨第十届赛课活动（3）
地理学科总结

为了落实学校"6+1"高效课堂计划，提高地理组教师将学科核心素养的培育落实到常规教学中，促进教师对教材教法的钻研，提高课堂教学的实效性和有效性，我们地理组于4月7日下午第2、3、4节进行了"同课异构"研讨活动，现总结如下：

（一）课题的提出背景及我的理解

区位因素分析这部分内容，是人文地理学学科发展中最有生命力的部分，新教材中引进并强化了"区位"这一部分内容，课标要求为"结合实例，说明工业、农业和服务业的区位因素"。这里的行为动词是"说明"，行为条件是结合实例，核心概念是"区位因素"。可以通过区别、组织、判断、归因等认知策略，让学生理解影响工业、农业和服务业的自然因素和社会经济因素，并利用上述知识对某一具体工业、农业和服务业进行合理的分析、评价。再加上商业、交通、城市、旅游区位的分析与选择，构成了教材人文地理部分的主体内容，所占分量大，运用这些理论能解决现实生活中许多实际问题，有很大的应用价值。区位问题的考核能有效地考查学生获取信息、分析迁移、解决问题的能力，体现地理学科素养的考查，如区域认知、综合思维、人地协调观等，也符合课标中地理学业水平等级性考试中对学生应该达到的要求，期望达到培养学生地理学科必备品质和关键能力的目的。例如能够描述人文地理事物的空间现象及其变化，解释不同地方的人们对产业活动进行区位选择的依据（综合思维、区域认知）。从近几年的高考试题来看，几乎每年都有涉及，出现频度高，分值大，并且比例有逐渐上升的趋势，但是区位的分析案例比较多，分布分散，而且分析时考虑的因素各不相同，导致学生对区位分析不知从何下笔，这部分内容失分很严重。

（二）重视问题式教学

我对问题式教学的理解是用"问题"整合相关学习内容的教学方式。问题式教学以"问题发现"和"问题解决"为链条，在解决问题的教学过程中，引导学生运用地理的思维方式，建立与"问题"相关的知识结构，并能够由表及里、层次清晰地分析问题，合理表达自己的观点。主要体现在以下两点。

1.都以问题设计为基础，设计课堂教学

所有问题的确定都与实际情景相关联，能覆盖多条教学内容和教材的不同章节，围绕问题，使教学内容的结构化与关联性更加突出。而"问题"的呈现，非常有利于学生发现未知，激发学生学习和探究的兴趣，有利于"6+1"高效课堂中的"思"和"展"，有利于学生创造性地解决问题。李思然老师展示的高三年级二轮复习课中以工业区位因素为例，在教学过程中让学生思考学案设置好的问题，例如"结合参考答案，思考影响毛油压榨工厂的主导因素（可以思考这种企业有什么特点）；并结合课本和题中信息说出你的判断依据。思考这类企业如此布局的主要动机是什么？"此问题的确定与高考题目中实际情境相关联，围绕问题，使教学内容的结构化与关联性更加突出。例如"精炼油产品为什么采用小包装？是什么原因导致的"此问题的呈现，利于学生发现未知，激发学生学习和探究的兴趣，利于学生创造性地解决问题。

2.课堂教学设计的关注点体现问题式教学或情境教学，非常符合学校这次赛课的要求

（1）以学生的认知水平和知识基础为起点设计教学。李思然老师采用先练后教，学案中根据高考题答案为起点又自己设计4个问题供学生深入思考。李振国老师在新授课"长江经济带发展战略"中提出"结合长江经济带的气候、地形、水文等方面，分析其优越的自然资源有哪些"？此问题的设计依托了情境，在选择情境时考虑了贴近学生知识水平、生活实际和社会现实，使学生理解情境，便于学生找到基本的依据和资源。

（2）围绕问题设计不同层次的问题链条，注重地理知识间的内在关联性，并将所学内容有逻辑地整合成可操作的学习链条。例如，李振国老师从区域空间联系与发展到国家发展战略背景；在"展"的环节，他们注意关注课堂新生成问题，促进、激发学生发现问题、提出问题。

（3）完整呈现问题和相应情境作为学生学习的基础和背景，引导学生在充分理解情境的前提下展开学习。从李思然老师的两道高考题和李振国老师的两个案例来看，能充分体现高考评价体系要求的无情境不教学。

（4）使学生形成一定的地理知识结构框架，并综合地理解、解释和解决地理问题。非常符合这次赛课要求：课堂要渗透方法指导和思维训练。

总之，两位老师重视问题式教学的同时，都以情境为前提设计问题，既符合新课标又符合高考评价体系要求，符合当前高考考查要求，他们已经走在了地理组教研水平的前列，是非常值得称赞和学习的。

（三）熟练应用"6+1"高效课堂模式，体现以学生为主体，突出达标效果

两位老师在研究课标的基础上，对课本知识进行提炼和归纳，熟练应用"6+1"的教学模式，对"导、思、议、展、评、检"6个环节进行合理布局，并介绍了本节课的设计意图、学科素养的落实方法与途径。李思然老师的课堂立足于区位因素二轮复习，需要在掌握必备知识的同时，通过深入思考环节，以高考题原题为载体，通过设置思考题来深化学生对区位的理解与运用，强化解题分析能力。力图通过学生的独立思考与小组讨论，自主生成对区位条件判断的思维模型，并通过小组的交流来打磨自己的描述语言和思维链条。因此，他对"思""议""展"环节做了延长，通过提炼思路，精细点评来强化学生的思维。同时，结合学情，通过设置四个问题步步深化，使学生对区位条件的判读、描述，特别是使"区域特征—企业特征—区位因素"这一思维链条得到了充分的训练。学生通过小组讨论、交流碰撞，从不同方面得出了近乎完美的结论，较好地实现了课堂教学目标。李振国老师的课堂立足于区位因素的

背景判断。他以"国家重大发展战略"为课题，让学生从国家的高度、区域的广度、思维的深度三个方面来学习新课程。因此，他适当压缩了"思"环节，增加了"展"环节，从而使学生的自主探究、合作探究的成果得到了最大的发挥。在小组的思维碰撞中、展示的互相交流中，学生不仅锻炼了语言表达能力，更增加了对国家的了解，家国情怀油然而生。这些将知识的生成、情感价值的培养融入课堂的做法，与当下课改追求"立德树人"、强化"学科素养"的精神相一致，我们需要不断学习和研究。

（四）问题和不足

下午两节观摩课后，在座的领导和老师们进行了研讨交流，肯定亮点的同时也发现很多问题和不足。

（1）要研究课标，注重落实地理学科素养，在学习目标的制定上应该更加精确化，行为动词表述不明确，核心素养不具体。

（2）注意课堂容量，太大容易影响"导、思、议、展、评、检"各个环节。

（3）问题设计不能过大，稍难的问题要学会分层逐级设计。

评课活动结束以后，我们地理组老师还意犹未尽，就新课标、高考评价体系、高考备考、地理核心素养落实等进行了自由交流，思想碰撞，各抒己见，最后盛主任进行总结强调。

第三节 教师篇

在实践中探索，在探索中成长
——数学"6+1"高效课堂的几点思考

沈子勇　数学教师

"6+1"高效课堂模式，强调了学生学习过程的自主、合作、探究，将传统的"授之以鱼"转变成"授之以渔"，要求教师的角色从知识的传播者转变为学生学习的促进者和引导者，在教学过程中，既强调了基础知识和基本技能，又强调了过程和方法，每节课都做到环环相扣，让所有学生都紧张高效。下面是关于数学"6+1"高效课堂的思考。

1.导学案的编制

为了高效利用13分钟"思"的环节，经过反复尝试，逐渐形成三类导学案，即新授课、新题型课、章末专题课，整个过程也经历了很多摸索和尝试，很多其他资料的导学案都是知识点+例题的形式，包括长垣一中。总感觉这种知识点加例题的形式不适合一中学生，这种开门见山直奔主题的导学案，慢慢被我们修改、打磨，通过增添设问探究，引导学生自主生成新知，促使学生注重知识的探索和生成过程，逐步形成适合一中学生的问题探究式新授课学案。

新题型导学案，我们将重点放在题型难点进行突破，保证13分钟的学习效率，将题目步骤进行分解，对关键步骤进行重点突破，采用多题一问的导学案形式。例如，在空间向量中，我们将空间向量在立体几何中的题目进行分解，重新整合，例如，第一步一般都是建系，求坐标，我们整个学案设置了7个不同的几何体，形状各不相同，有棱柱、棱锥、放倒的、不放倒的，本节课的任务就是在7个不同几何体中选取最适合的坐标系，并锻炼学生只求出相关有用点的坐标，以便攻克求坐标的难点。法向量求解，也是本章题目中的一个难点。例如，求二面角余弦值、判断正负。又因为法向量已经在上节课进行了专项突破，而本节课的难点在于求出二面角余弦值并判断正负，这个学案就采用多题一问的编写方式，给出多题中相关的法向量，进而只锻炼判断二面角余弦值正负的关键步骤，真正让学生在"思"的环节，思考本节课的重点、难点，进一步提高13分钟效率。

对于章末专题课，本身就是提高课，而学生在一章的学习过程中各有差异，以圆锥曲线的章末专题课为例，学生的难点不再是求联立方程，而是如何将题目中的设问关系用韦达定理，或者方程中相关量来表示。所以，这个学案，我们采用了一题多问，给出联立方程的结果，本节课只练习突破转化关系。再有，章末专题复习过程中，各组的学生差异较大，所以难度不易统一，我们设定了1题14问，设定了这类题目几乎所有能考到的内容，当然，难度也不一样，以便于不同组合层次的班级使用，一题多问的方式，去掉重复计算步骤，攻克难点环节。

2.限时练的选题

集备过程中，无论题型题量还是难度都进行了多次讨论，反复修改，逐渐形成了必做+选做的题型方式。必做题6+2+2，即必做题6个选择题，2个填空题，2个解答题，题目为基础题目，难度较低，目的就是保证年级1500名学生做题的积极性，起到巩固新知、查缺补漏的作用。选做题难度较大，综合性较强，可选取适合的高考题目，目的在于激发各组合程度较好的学生对难度较大题目的探究能力。

3.课堂教学环节设计

集备过程中，不仅仅集备导学案的编写和限时练的选题，教学组每天还有一个特定环节就是集备教学环节的设计，尤其是导入的方式集备，"导"的环节成为我们每天集备的特定主题。如何导，导什么，怎么导，导得深还是导得浅，以什么组合呈现，不同组合、不同层次的学生如何体现差异。经过长时间的摸索，逐渐形成了开门见山，直接导入；温故知新，复习导入；创设环境,情境导入;循序渐进,问题导入等方式,以保证5分钟导入的高效,虽然"6+1"高效课堂对于PPT的使用已经不高,但我们仍未放弃多媒体的辅助教学环节,一些关键课次的PPT也是在集备中一次次修改,目的就是能够更好地激发学生的学习兴趣。

4.其他细节方面

因为整个数学组的老师经验都非常丰富,很多老师都不满足导学案的第一版初稿,经常会出现主讲人与发言人的争论,甚至争吵,这是"6+1"高效课堂课改以来集备中特有的。

为了使一天的课程更加紧凑,我尝试更改了传统课代表的使用方式,选用了5个数学课代表,分别负责导学案收发;限时练收发;限时练答案抄写;限时练成绩公布与张贴,等等。制定并逐步实施小组评价制度,在这个过程中,制定了一系列小组评价制度,例如,课堂上展示或回答一次加2分,两天不回答减1分;小组对抗赛每赢一次团体加2分,输不得分;班级对抗赛每赢一次团体加3分,限时练单科前三甲分别加3分、2分、1分;本周不能积极展示2次的个人,小组内所有人不计分,等等。每天进行分数记录汇总,公布展示。小组评价记录并在备课组中深入推广。

"6+1"高效课堂模式将课堂的主角从老师转变为学生,课堂上能让学生表达的,让学生尽情展现,能让学生做结论的,尽量让学生做结论,让每个学生都参与到课堂教学中,发表自己的见解,使学习过程由被动变主动,由枯燥变生动,解决了学生上课打瞌睡,注意力不集中等问题,使学生学得快,记得牢,效率高,从而提高教学质量,这种教学模式是"以教为中心"转为"以学为中心",是让学生变"学懂""学会"为"会学""会用"。

"6+1"高效课堂模式,体现了以学校为核心的竞争力的有效方式,使学生们的学习激情真正被激发出来,把课堂还给学生,使每一个学生的个性和特长都能得到发挥。

"6+1"高效课堂"导学案"编写的几点思考

王东芹　英语教师

"导学案"是指教师依据学科素养及学生的认知水平、知识经验，为指导学生实行主动的知识构建而编制的学习方案。导学案在"6+1"高效课堂教学实践中，起到至关重要的作用，目的在于指导学生自主学习、主动参与、合作探究，是教师给学生搭建的能够自主学习的平台，这是编写的着眼点和侧重点。因此，设计导学案过程中必须注意相关问题，在深入分析、把握相关问题的基础上进行高效设计。

（一）认识上的"三化"倾向误区

1.导学案设计"教案化"

导学案是以"导学"为主要思想帮助教师教学和学生学习的一种方案，它面向的主要对象是学生，兼顾教师。而教案则是以"教学"为主要思想辅助教师教学的一种教学方案，它是教师进行课堂教学的一个准备，主要是为教师教学服务的。而在实际导学案设计过程中，导学案设计呈现"教案化"的特点，教师更多关注的是教师如何去教，而不是学生如何去学。导学案设计"教案化"使导学案"导学"的精神无法落地，教学依然停留在"教师本位"的牢笼中。

2.导学案设计"学案化"

导学案与学案虽然只有一字之差，但是一字之差看变化。二者虽然有联系，但不能将二者画等号。学案是导学案的一个基础，导学案则是学案进一步发展的产物。学案关注的是学生"学什么，怎样学"，主要用于课前预习，而导学案关注的是"导什么，如何导"，强调以导促学，以学定教，贯穿于教学的全过程。然而，很多教师却将导学案设计成学案，导学案设计"学案化"现象普遍存在。比如，很多导学案的设计没有学习目标、学法指导、学习答疑等环节，仅仅设置预习环节以及课堂练习等环节，导学案的"导"无从体现。

3.导学案设计"习题化"

导学案设计应该贯彻新课程理念，激发学生自主探究、自主学习的积极性，从而使课堂教学更加高效。然而，由于应试教育的思想并没有从根本上得到改变，一些学校和教师依然高举"考试第一、分数第一"的旗帜，在平常的导学案设计中，忽略导学案引导学生学习的功能，而将其设计成"练习案、习题案"。这样的导学案设计不仅没有减轻学生的学习负担，反而使学生陷入题海中难以抽离，产生厌学和逆反心理。

（二）对如何编写高质量导学案的几点思考

1.重新理解导学案的真正含义

导学案是与教案相对而言的，是学生学习活动的设计方案。导学案是经教师集体研究、个人备课、再集体研讨制定的，以新课程标准为指导、以素质教育要求为目标编写的，用于指导学生自主学习、主动参与、合作探讨、优化发展的学习方案。所谓教案，就是教师教学活动设计方案。导学案与教案根本的不同是立足点的不同。

导学案是活动的设计，不是知识的讲解。其标志是：每一条款都必须有具体的动词，如果没有动词出现，则说明"活动设计"没有体现。它是学生活动的设计，不是教师的活动设计。其标志是每一条款中动词的主语都应该是学生。

若干学生学习活动设计连贯起来，就可以看出学生学习这一内容的"过程"。导学案应该让学生明确地感受到这个学习的过程感，即先做什么活动，然后做什么活动。导学案要有学生学习方法的指导。导学案直接讲知识点的不多，但指导学生如何学这个知识点的方法比直接讲知识更重要。

2.导学案编写原则

编写导学案的学习内容时应注意五个原则：课时化原则、问题化原则、参与化原则、方法化原则、层次化原则。

（1）课时化原则。在每个学科新教材中，一些章节的内容用一课时是不能完成的，因此需要教师根据实际上课安排，分课时编写导学案，使学生的每一节课都有明确的学习目标，有计划地完成学习任务，最大限度地提高课堂教学效益。

（2）问题化原则。问题化原则是将知识点转变为探索性的问题点、能力点，通过对知识点的设疑、质疑、解释，从而激发学生主动思考，逐步培养学生的探究精神以及对教材的分析、归纳、演绎的能力。导学案的编写要遵循以问题为线索的原则。教师通过精心设计问题，使学生意识到要解决教师设计的问题不看书不行，要学会看书，学会自学。

（3）参与化原则。通过对导学案的使用创造人人参与的机会，激励人人参与的热情，提高人人参与的能力，增强人人参与的意识，让学生在参与中学习，这就是所谓的参与性原则。相信学生，敢于放手发动学生，只要教师敢于给学生创设自主互助学习机会，其学习潜能将会得到更有效的挖掘。

（4）方法化原则。导学案中应体现教师必要的指导和要求。教师指导既有学习内容的指导与要求，又有学习方法的指导。例如在学生自主学习时，教师要明确、具体地告诉学生看教材哪一页的哪一部分，用多长时间，达到什么要求，自学完成后教师将采取什么形式进行检查等。

（5）层次化原则。在编写导学案时将难易不一、杂乱无序的学习内容处理成有序的、阶梯性的、符合各层次学生认知规律的学习方案。认真研究导学案的层次性。导学案要有梯度，能引导学生由浅入深、层层深入地认识教材、理解教材，能引领学生的思维活动不断深入，还应满足不同层次学生的需求，要使优秀生从导学案的设计中感受到挑战，一般学生受到激励，学困生也能尝到成功的喜悦。要让每个学生都学有所得，最大限度地调动学生的学习积极性，提高学生学习的自信心。

（三）编写、使用导学案应注意的问题

（1）编写高质量的导学案是一节课成败的基础，它能体现教师的"支架"作用。使用时要求教师语言简练、开门见山、直击要点。作为教师要清楚何时点拨、点拨什么内容（易错知识点、易混知识点、方法、规律、知识结构、注意事项、拓展等）。教师在编制导学案时，必须把握好对教材的"翻译"，把教材严谨的、逻辑性极强的、抽象的知识，翻译成能读懂的、易接受的、通俗的、具体的知识，帮助学生确定适当的学习目标，并给出达成目标的最佳途径。老师要能够深入浅出，设计导学案要做到知识问题化、问题层次化、层次梯次化、梯次渐进化。

（2）导学案是为学生学习服务的，必须从有利于学生学习操作的角度思考创作，要始终把学生放在主体地位。此外，导学案可根据学习内容的需要，增加"加油站""温馨提示""友情链接"等补充说明、信息提供、方法指导的栏目。

（3）应根据不同的课型编制不同的学案，如新授课中的预习性学案、复习课中的检测性学案、专题性学案等。

读《从教走向学》后，再看"6+1"高效课堂

秦庆磊、李德志　数学教师

《从教走向学》立足核心素养的实践性与可操作性，通过具体案例阐述在课堂上落实核心素养的维度、策略与方法；给大家提供在课堂上帮助学生学习，落实核心素养的路径、工具和脚手架。读后，我深受启发，对学校正在推行的"6+1"高效课堂改革更加充满自信，对各环节的教学有了更深刻的认识。

1.导学案中的学习目标该如何表述

陶行知先生曾说"先生的责任不在教，而在于教学，是在教学生如何学"，就是让学生知道学什么、怎样学、学到什么程度、评价的标准是什么，也就是让学生知道自己的"学习目标"。为学生的学习设计"学习目标"，是实现从"教"走向"学"的前提与保障，但我们真的会设计"学习目标"吗？请看下面的案例。

（1）理解并掌握正弦定理的证明，运用正弦定理解三角形。

（2）理解加速度的概念，掌握加速度是表示速度变化快慢的物理量。

（3）掌握《中华民国临时约法》的内容，理解南京临时政府的革命性质，认识临时政府颁布的法令和措施对中国近代社会的影响。

这样的学习目标是很常见的，学生往往对此一头雾水，因为他们不知道"理解"与"掌握"的区别是什么，也不知道从哪些维度"说明"是符合要求的。而且，教学目标仅有知识描述，缺少过程与方法、情感态度与价值观的体现，也就更谈不上新课程标准要求的整合三维目标的核心素养的落实。

学习目标描述的语言要让学生看得懂，看得明白；描述的行为要具体、可操作；学习过程要可视化，学习结果要可测量。请看下面的案例。

生物：我能利用生命的物质观，为目标人群（"三高"人群、减肥人群、青少年等）提出饮食建议和营养食谱。

化学：我能运用所学知识说明如何使用不同种类的加酶洗衣粉，根据不同的外在条件（如温度），清洗衣物等日常生活用品。

地理：我能在"海底地形图"上，运用海底扩张学说与板块构造学说的主要观点，解释涉及的地理现象，并在解释的过程中指出两个学说在应用上的差别。

语文：我能从《史记》每位史传人物的重要事件中，提取关键信息并加以分析，概括人物性格特点。

首先，上述学习目标清晰地表达出学生要"学什么"。目标中使用了"提出""指出""提取"等可操作性的行为动词，将学习任务清晰地呈现给学生，学生知道要学什么，要做什么，实现了学习内容的可视化。

其次，上述学习目标清晰地表达出"如何学"和"如何做"，让学习过程进一步可视化。例如，为目标人群提出饮食建议和营养食谱是可测量的结果，如何实现呢？目标中提出要"利用生命的物质观"，这就提示学生要将自己对生命物质组成的认识、对生命物质观的理解，运用到饮食建议和营养食谱中。

这样的描述，不仅让学生清晰地知道要学什么，要做什么，而且为学生的学习提供了脚手架，让学生知道应该怎样学，如何做。这样的描述，使学生如同看到了自己的学习轨迹，看到了自己正在通往目标的路上，看到了学习成功的证明或表现。

2.导学案中的核心任务（"思"环节）该如何落实

核心素养需要真实的问题情境，需要学生真实体验、深入研究，在解决问题的过程中逐步培育。真实的问题情境必然是综合的、相对复杂的，对此，我们往往担心学生会被卡住，"思"不出成果，浪费时间。我们在设计核心任务时，要为学生搭好台阶，提供好工具，必要时将核心任务适当分解，或者围绕核心任务设计子任务，要让学生感觉核心任务虽然充满挑战，但是"我可以做""我能做"。具体请看下面的案例。

在语文"史传文学中的侠义人物"单元，教师希望学生通过阅读史传的相关内容，学会概括人物形象，并理解侠义精神在当代的意义。教师借助即将到来的狂欢节，根据单元目标，设计出"选一位侠义人物，在狂欢节上装扮一位老师"的核心任务。这个核心任务不仅需要语文知识，还涉及服装、道具、化妆、舞台灯多方面知识。这个核心任务不仅考查学生概括人物形象的能力、对侠义精神的理解力，也考查了学生对知识和能力的应用能力，具有一定的挑战性。

为了让学生能做、敢做，教师为学生提供了脚手架。首先，将上述核心任务分解为四个子任务：用准确的词语概括5位人物的个性特征，找共同点和不同点；写出最想设计的人物，与最不想设计的人物比较，说明理由；写一封劝说信，说服你的老师同意装扮你最终选择的人物；完成人物在狂欢节的出场设计，先独立完成，然后小组合作交流。这样为学生搭建了台阶，再设计工具，为学生比较不同侠义人物形象提供支持，使学生能够更准确地概括人物形象，最后设计量规，帮助学生从"事、理、情"三个维度完成劝说信的写作，从而更顺利地完成核心任务。

上述子任务的设计就像一个个台阶，一步步帮助学生走向核心任务。这给我们提供了一个很好的解决教学难点的思路，有些问题比较困难，尤其是数、理、化等学科，我们可以围绕难点设计一些子任务，提供解决问题的脚手架，一步步引导学生去接近解决问题的核心，从而达到学生自主思考、亲身体验的目的。

3.如何关注"思、议、展、检"环节

课堂教学的效果常受制于教师的个体因素。教师学识水平的高低、专业技能的强弱、经验积累的丰欠，以及备课的充分与仓促、现场的掌控与把握、练习的频率与难度，甚至情绪的饱满与低落、态度的严厉与温和，都会对教学效果产生很大影响。而"6+1"高效课堂模式可以对复杂的课堂变量进行适度控制，保证基本质量稳定实现。但这并不意味着老师在课堂上就可以游离于学生的学习活动之外，老师需要时刻关注课堂，关注学生，通过评估学生在学习过程中的表现，及时发现学生存在的问题，同时让学生发现学习过程中的每一点收获，引导学生不断自我激励、自我反思、自我调整，从而学会学习，更好地发展。

从某种程度上来说，结果检测（"检"与"练"）的评估是与教学分离的，是发生在教学之后的。而过程性评估则把评估看作教学活动的一部分，与教学活动有紧密的联系。从时间上来说，过程性评估包括教学前的评估、教学中的评估以及教学后的评估，贯穿学生学习的全过程。

例如，正式上课前，学生的出勤情况、学习用品的准备情况、实验的预期情况等，都可以被纳入评估；在学习过程中，学生是否积极思考、是否高效填写导学案、是否主动参与小组讨论、是否积极展示、是否敢于质疑等，也可以被纳入评估；在教学活动之后，学生是否能温故知新，是否及时独立完成限时练，是否善于用所学内容解释、解决实际问题等，也可以被纳入评估。

由此看来，"6+1"高效课堂背景下，并不像有人认为的"这种课堂傻子也能上"，这是极度不负责任、极度肤浅的说法，是没有准确理解"6+1"高效课堂精髓的胡言乱语。真正的高效课堂，应该是老师放手而不撒手，密切关注学生学习的各个环节，并及时反馈和做出调整的过程。

2018年，高中新课程标准颁布，14个学科都凝练出了学科核心素养，并且明确提出，课堂教学要从"知识技能"向"核心素养"转变，课程实施要以落实"学科核心素养"为宗旨。这不仅强调了学生的体验、体悟，更强调了学生的深度参与，不得不逼我们把注意力从教聚焦到学上来。每个老师都应该好好研究新课标，努力学习，积极探索，争取做一名专业的教师。

激情"展示"打造灵动课堂

曹国霞　英语教师

我国新基础教育实验的开创者和奠基人叶澜教授提出了"让课堂充满生命活力"的课堂理论，开创了新基础教育实验的理论先河，并且为当前的基础教育改革奠定了坚实的理论基础和舆论基础。叶澜教授认为，课堂教学蕴含着巨大的生命力，只有师生的生命活力在课堂教学中得到有效发挥，才能真正有助于新人的培养和教师的成长，课堂才有真正的活力。我们现在努力打造的"6+1"高效课堂正是这一课堂理论指导之下的具体实践方式之一。而"6"环节中的"展示"是我们打造充满生命活力的课堂的关键步骤。在经过全神贯注的"思"和激烈争论的"议"之后，学生有想展示自己学习成果的欲望，教师也想知道学生对本节课的重点和难点到底掌握到什么程度，下一步自己到底应该"评"哪些内容。因此，师生之间产生了共鸣，激情展示应时而生。要做好这一环节，我们就要弄清楚下面几个问题。

（一）"展"是什么

"展"，即学生在既定的时间内按照既定的规则，将前面的"思"和"议"的成果用适当的方式展现、示出，从而检验"思"和"议"的效果。"展"绝不是"思"和"议"的简单重复，而是学习成果的展现，学习困惑的暴露和学习能力的提升。

（二）"展"什么

"展"的内容在于"精"。为了确保课堂的高效性，课堂上交流展示的内容必须是学生深入探究的问题。无论是组内讨论还是班级展示，都必须明确"展示是提升"，绝不是各小组对导学案上问题答案的重复性讲解和统一答案，也不是把导学案上的内容照搬到黑板上，而应该是本单元、本学时的重点、难点和易混点，应该具有典型性、代表性。

（三）"展"的目的是什么

"展"的目的是通过问题展示，最大限度地暴露学生自学和讨论中存在的疑点、误点和盲点，然后让学生八仙过海，各出奇招。让更多学生获取更多的解决问题的方法，也因此培养了学生的质疑能力、发散思维能力和创造性思维能力，最终达到适应高考对能力考查的目的。同时它也为下一步教师的"评"提供了方向和依据。

（四）"展"的形式有哪些

（1）口头展示：概念的形成、现象的描述、文章内容的叙述等内容丰富、容量大的问题。

（2）书面展示：定理的证明、推理、探究的过程，题例的解答等。

（3）肢体语言展示：语言学科中精彩片段的展示可以让学生用手势、表情、姿态来帮助其说明，增强表达内容的效果，是口头语言表达的有力补充。

（4）实物模型展示：学习空间图形内容可以提前让学生制作，通过学生的展示、比较，认识图形之间的关系，加深对相关内容的理解。

总之，只有多元化的展示形式才能让平凡的课堂丰富多彩。

（五）"展"的要求有哪些

1.对教师的要求

（1）教师要在备课时，设计出能够暴露学生盲点、误区的展示题目，并确定由哪个层次的同学，通过何种形式进行展示，以及展示问题的时间分配。一般来说，理科每节课展示要达到5人次以上，文科每节课要到达7人次以上。

（2）展示过程中，教师要善于倾听，学会期待，不急于扮演救世主的角色，而是通过对学生的诱导、赞赏、肯定，调动学生探究的激情，鼓励他们大胆地质疑、挑战、补充、完善。恰当的评价能促进学生课堂展示水平的提高，它直接影响学生课堂展示的积极性和课堂教学效果。

（3）对于需要归纳总结的问题，教师可指定A层同学发言，而对于难度稍小的问题，就要有意识地多留给中下层同学，并且要给予充分的肯定和赞赏，以此来鼓励他们积极参与课堂，提高学习兴趣。关于这一点，教师也可以使用组内大号展示加分翻倍的方法来鼓励学困生进行课堂展示。

（4）对于在讨论中发现的新思路、新方法和典型错误，可直接点名由学生展示。

（5）如有必要，教师可限定组别回答问题，如2组做主展示，其余组纠错、质疑、补充或挑战。

（6）对于课堂上临时生成的问题，教师要不失时机地引导学生踊跃展示，以期拓展思路，深入探究。总之，看似完全放开的自由"展示"指挥棒仍然要握在教师手中，这是课堂展示能够有序、高效进行的唯一保证。

2.对学生的要求

（1）口头展示的同学要迅速起立，面向大多数学生展示，声音洪亮（保证所有同学均可听清楚），组织语言有序，同组不得递词，答完后自行坐下。

（2）黑板展示动作要静、齐、快，书写认真，字迹工整，步骤规范，讲解时侧身面向全班同学，不挡住同学视线。

（3）展示过程中，应学会聆听，积极思考，用心找出补充点、质疑点和纠错点，但不得随便插话，不打断别人讲话，等老师发出口令后，再展示自己的观点。

（4）展示3秒回答限制：如果起立后3秒未回答，其他同学可以直接起立回答，该同学自然坐下。

（5）当两个以上同学竞相发言时，可实行大号优先制度。

（6）学生竞相展示时，须使用规范切入语，如"我展示""我补充""我质疑""我纠错"。

（7）展示过程中，如有必要，教师可引导学生点评其他同学的发言，鼓励就不同意见进行争辩。

从以上要求可以看出，课堂展示做得好不好，小组建设是前提，展示设计是关键，教师的重视是保证。"展"在高效课堂"6"环节中起着承前启后的重要作用，它是"议"的升华，"评"的依据。设计这个环节，就是为了活跃学生的思维，激发学生瞬间灵感，让学生跳起来摘到桃子，让学生产生成功感、成就感，从而激发学生探究的兴趣，产生深刻的印象，实现高效学习。这是与人本主义学习理论中所强调的"教育的目标在于激发学生的学习动机，发掘和发展每个学生的学习潜能"相一致的。如果这个目标不是通过激情展示来完成，而是由老师来讲，学生只是被动地听，效果就会大打折扣。利用好这个环节，你会发出"高效课堂，快乐无边"的感慨，因为只有这种，生成的智慧课堂才是最精彩的高效课堂，才是涌现灵动生命的场所。

研讨，让学生生动起来

房钦玉　物理教师

有这样一副对联，上联是：游西湖，提锡壶，锡壶掉西湖，惜乎锡壶；下联是：听物理，如雾里，雾里看物理，勿理物理。对联当然是对物理学科难度的调侃，但高中物理学科难度大、知识概念抽象难懂也是众所周知，学生在课堂上更是备受折磨。在高一上学期理化生三科的难度调查中，物理学科非常"荣幸"地排在第一位。

作为去年新入职的物理老师，面对物理学科的教学工作，我也深感责任重大，一直在寻求如何更好地进行物理学科教学，如何让学生能从日常生活中深刻地体会到物理学之美。毕竟在传统课堂中，授课方式主要是老师讲、学生听，互动比较少。最终的效果四分靠老师，六分靠学生。当然，也有一些老教师的传统课堂讲得风生水起，学生也能听得津津有味，可是对我这样的新教师来说，想达到这个高度应该还需要很多年的努力和进步，而过程中总有一种不能给学生更好教育的愧疚感。

但事实上，这不仅仅是我一个人的想法，也是很多学校担心的地方。为此很多学校都做了探索，本文简单分享一下我对莘县一中探索过程和成就的感受。入职后不久，莘县一中就对新教师开始了"6+1"高效课堂培训，"6"指的是课堂分成"导入、思考、议论、展示、评价、检测"6个环节。其中讨论环节是让学生在思考的基础上进行组内研讨，充分调动学生的积极性，鼓励他们用自己的语言说出自己的理解，且同龄人间的交流更利于学生说出自己的疑惑，纠正自己的认知偏差。开始时，我对"6+1"高效课堂模式的理解还不够深刻，使用得也不是很流畅，总有这样或那样的担心，总是怀疑学生学不会。但即使是这样，事情也很快迎来了转机……

"6+1"高效课堂的议论环节设置在思考环节后，主要目的是让学生在思考之后巩固自己的思考成果，在研讨中自己弥补思维漏洞，变被动学习为主动学习。我和学生年龄差距较小，学生在我的课堂上整体表现得比较活跃，尤其是议论环节。在学习弹簧的受力特点这部分知识时，在学生讨论环节我例行巡视，倾听并参与学生的讨论，在这个过程中，有个小组为了解释"为什么弹簧上的弹力不会突变"举了一个非常生动的例子：在食堂吃饭的时候，买来热气腾腾的馒头，如果趁它不注意摁它一下，馒头就会发生形变，也能恢复原形，但比较慢，这说明馒头上发生的是弹性形变。那么在手指离开馒头的瞬间，馒头上的形变仍然是原来的样子，这说明上面的弹力不会发生突变。我听到这种解释之后感觉耳目一新，知识立刻生动起来，他们自己想到的这种解释比我的解释更形象生动，更容易理解。接下来这个小组也上台进行了展示，受到了同学们的一致好评。通过这次事件，我充分认识到了学生自身的潜力和亮点，不再总是担心他们学不会，而是信任鼓励他们积极思考，把物理知识原理与日常生活联系起来，充分发挥自己的主观能动性。很快，我的课堂上总是惊喜不断，当学习自由落体的时候，学生能联想到自己坐火车时遇到的手抓纸币小骗局；当学到牛顿运动定律的时候，学生能联想到自己骑电动车时的情景；当学到曲线运动物体受力时，学生能想到西瓜皮的内侧是凹侧；当学到平抛运动规律的时候，学生能想到自己打篮球时的感受；还有学生在课下与我分享他们如何用物理知识去解释生活中的现象……

可见，研讨的形式调动了学生参与课堂、参与学习的积极性，大大激发了他们学习物理的兴趣。而这些精彩生动的生活实例也给课堂带来了巨大的生机与活力，更培养了他们仔细观察生活、用物理知识原理解释日常生活现象的能力和习惯。最终的考试成绩也出类拔萃。从这一学期的实践来看，相较于传统课堂，议论环节更加贴合新时代学生的思想特点和行为模式，能有效地调动学生学习的积极性，带来精彩多变的课堂，也给我们新时代的教学带来了无穷的可能性。"6+1"高效课堂因此受到了莘县一中众多老师和同学的欢迎，但我们仍然在继续探究更多新的形式和内容，让学生的讨论更有效、更精彩。

让最后3分钟凸显成果与收获
——我对"检"环节的一些思索

邹丽萍　政治教师

我校探索实行"6+1"高效课堂模式至今已有7年多时间，回顾践行"6+1"高效课堂一年多来的课堂教学，课堂6个环节中，我觉得展现最不充分的就是最后一个环节"检"，虽然导学案上都有设计，但在实际操作过程中，"检"这3分钟常常被前面的环节压缩或者挤掉，虽然也知道这个环节很重要，"检"完之后"6+1"高效课堂模式才算是完整的，才能使课堂更高效，但有时要么因为课堂内容太多，要么因为前面5个环节的时间没有把控好，结果往往是"检"得不充分或者完全没时间"检"，使课堂留有遗憾。因此，我一直在努力思索如何使"检"的环节能够真正落实，能够凸显出学生学习的成果与收获，使"6+1"高效课堂完整呈现，弥补我课堂中的缺憾。下面我就对"检"这个环节谈一些想法。

首先，"检"的重要性应该明确化。虽然它是"6+1"高效课堂的最后一个环节，而且只有3分钟时间，但绝不能忽视这3分钟的作用。《中国课堂的奇迹》中强调了"检"这个环节的重要性：就像一场精彩的演出最后要有压轴的好戏一样，一堂课如果没有让人回味无穷的结尾，必然会影响这堂课的效果。这说明"检"是一节课的收官环节，只有"检"的环节完成，才能知道学生是否能够做到当堂达标，学有成效。"检"是梳理，也是建构，"检"是巩固，也是提升，"检"环节的缺失，会使一堂课下来有种虎头蛇尾的感觉。因此，不仅老师应该明确"检"这个环节的重要性，还要把它的重要性明确告诉学生，以促进学生在各个环节中都积极主动地学和练，提高他们的学习效率，争取做到"堂堂清"。总之，"检"这个环节很重要，不可或缺，必须确保"检"够3分钟，而且要检出学生课堂学习的最终成果。

其次，"检"的形式应当多样化。《中国课堂的奇迹》中说到"检"这一环节是要检验本节课学生的学习效果、学习目标的落实，即在教师的引导下，学生对当堂课所学内容进行整体回顾、反刍内化和自我评价，也可由教师对当堂所学效果进行检查验收。通过以上的表述可以看出"检"这个环节包含了在老师的指导下学生自检自查和老师通过各种形式对学生进行检测两种方式。但我们在实际操作过程中往往只注重教师对学生的检查而没有让学生自查自纠，而且"检"的形式也比较单一，往往只采用做小题的形式。其实只要用心想办法，"检"这3分钟大有可为，形式可以多种多样，比如我们政治学科可以采用学生简列提纲、默写重点问题、教师提问学生抢答等多种形式来"检"，而不拘泥于设置题目。

最后，"检"内容的选择应该承上启下。"6+1"高效课堂模式的各个环节是一个有机统一整体，是紧密相连、环环相扣的，而且只有做到环环相扣，才能实现课堂的高效。"检"这一环节内容的设置也应该和上一环节"评"和下一环节限时"练"紧密相连，通盘考虑。"检"设置的内容要突出对"评"这一环节的重点、难点、学生疑惑点的检查，如果以题目的形式检查，还要注意避免与限时练所考查的知识点完全重复，避免学生做无用功，以保证整个"6+1"高效课堂的高效。

总之，"检"虽然是一个小环节，但它不可或缺，且有大学问，需要我们不断去实践摸索，以凸显学生一节课学习的成果与收获，让学生通过"检"既能巩固基础知识，又能提升能力，使"6+1"高效课堂完美收官。

"6+1"高效课堂学习小组的建设

王佳　数学教师

在过去7年中，莘县第一中学围绕新课程教学标准进行了一系列的改革。为了进一步提升高中教学质量，提高本校学生素质，通过不断地探索与学习，决定打造"6+1"高效课堂。以下，我将对"6+1"高效课堂中的学习小组建设进行阐述，也将说明我在教学中一些具体的做法。思想决定高度，我们要挖透"6+1"高效课堂学习小组建设的指导思想。该思想遵循新课程教学理念和"6+1"高效课堂教学理念，建立学生合作学习小组，推动课堂学习方式向"自主、合作、探究"转变。以实现学生的能力和课堂效率的提升，并以此为基础，把小组建成"学生学习发展共同体"。那么，小组合作学习的必要性有哪些呢？我认为有以下两点。

其一，小组合作学习要求学生向组内成员阐述自己的看法，在阐述自己看法的同时，他们需要思考如何表达得明白、如何组织语言等，这势必又增加了他们的思索，所以可以增加他们学以致用的机会，增强他们的表达能力，提高他们的学习兴趣，拓展他们的视野，促进学生思维的发展，会思考问题，慢慢地成绩就会提高。

其二，小组合作学习有利于提高学习效率。在合作学习中，强调小组中每个成员都能积极参与到学习活动中来，学生之间相互监督，小组长分配任务，每位同学都能按时参与进来，学习任务由大家共同分担，集思广益，各抒己见，人人都尽其所能，这样问题就变得较容易解决，即使最终没有讨论结果，学生对问题也有了进一步的理解，知道自己的知识盲点，最终向老师求助时也能带着问题一下子找到答案。小组合作学习为每一位同学在有限的时间内提供了一个展示自我、锻炼自我、提高自我的舞台。为了实现小组合作学习就必然进行小组建设。我在过去一年的实践操作中，对课堂学习小组的建设是从以下几方面进行的。

（一）小组建设的理念与目标

知识在于分享，在今天这个知识共享型社会，闭门造车之举不可取，有交流有合作的方式更适合现在的课堂教学。同时也要形成时刻有竞争，时刻有管理，时刻有目标，事事有控制，事事有评价的真正高效的学习团队，即通过小组文化，有荣誉感、责任感，约束小组成员，互帮互助、共同学习、相互促进，完成学习任务，共同提高成长。

（二）小组组成——公平互补，合理搭配

我认为高效课堂成功的关键在于小组高效的学习。我采取全班化整为零的方式，以下面三条为基准划分小组。

（1）6人一组，分上、中、下三层，科学划分，依据成绩排名和日常表现，由班主任主持，各小组学习成绩均衡，便于各小组公平竞争，使每个小组成为班级学习的缩影。

（2）合理搭配，使不同智力水平、思维方式、认知风格和情趣特长的学生成为小组成员，达到能力互补、性别互补、性格互补，做到"组内异质，组间同质"。但是我所任班级为物理、化学、地理组合，女生较少，普遍英语偏科，这要更加注重同学们优势科目的搭配。

（3）学习小组长最好坐在组内的核心位置，讨论时便于把6人召集起来。

（三）学习小组文化建设

（1）每个小组都设计小组名称、小组活动口号、组徽、组牌。

（2）培养学生小组合作意识、竞争意识和荣誉意识，营造小组合作学习的融洽氛围。定期举办小组活动，比如，英语单词听写大赛、辩论赛，准备一些小礼物，同学们积极性普遍很高。

（四）学习小组构建

小组的作用在于通过小组文化和小组活动，培养荣誉感、责任心、荣辱意识，约束小组成员，互帮互助、共同学习、相互促进，完成学习任务，共同

成长。

小组长在本组中担任助手、代言人、学习标兵、学习灵魂的角色。所以小组长是我亲自选出来的，然后在班里有针对性地表扬，使其逐渐崭露头角，再鼓励其竞选，最后通过选举的形式成为小组长。小组长、组成员每学期进行调整，动态管理。

在"6+1"高效课堂学习下，"议"环节更能体现小组的优势，同时对小组要求也很高。

"议"环节对学生的要求：

（1）教师布置讨论议题，并宣布开始讨论后，全体同学前后面对面站立，在组长的组织下开始讨论。

（2）小组讨论的一般程序是：在独立思考的基础上，先进行对议（对面两人），再进行组议（按编号顺序依次发言，别人发言时不插话，发言一遍后，再踊跃争辩）。

（3）小组讨论中，组长要发挥好组织者的作用，确保讨论的有序性、有效性（利用好老师给予的导向性信息、不钻牛角尖、不走偏跑题）和高效性（务求快速、准确地解决问题，不浪费时间）。

（4）讨论过程中，及时记录好的观点、思路和方法，以及突发灵感和疑点，以备下一环节展示。

（5）小组讨论任务完成后，组长根据讨论情况，一边给组员分配下一环节的展示任务，一边启动帮扶机制，帮助基础差的同学。

这些要求，我在开班会和学习交流会时对同学们进行了具体的引导和指导，目前来看效果显著。

（五）小组评价

1.评价内容

（1）学案完成情况。

（2）学生参与度，讨论时的积极发言。

（3）合作探究、展示和质疑的效果。

2.评价形式

（1）以小组为单位组织活动比赛，这一点在上面已经进行了说明。

（2）教师根据课堂表现给小组作评价、评分。教师在前黑板列出组，根据表现评分，最后学科组长进行记录。

（3）做好每日、每周总结与反思。

①组长要对小组成员每周的课堂笔记、积累本、错题整理本等使用情况进行检查、评比、总结。

②组长要对小组成员每周的课堂表现、测验成绩、学习目标达成等情况进行汇总、评比、总结。

③组长要利用小组讨论会的形式，对小组成员一周综合表现结果进行反馈，表彰先进，鞭策后进，并制订小组下周目标和计划。

④通过评选优秀学生进行激励，每周班会对本组评价：重精神奖励，并结合适当物质刺激，有时是一支笔、一颗糖或是书签本子等。东西虽小，但也是每周的小惊喜，同学们对此表现出了极大的热忱。在后面黑板上专门预留空间，对每周的高效课堂优胜学习小组、学习先进个人进行通报表扬，激励了学生的责任感和荣誉感。

我制订了具体加分准则。读书：早读和上课前1~5分；预习：在规定时间内完成学案情况，每人次2分；展示板书：1~2分；讲解3~5分；小结（对这节课所上的内容小结）：1~2分；参与率（帮扶、对学、群学）1~3分；质疑2分；纪律（违纪）按个人的2倍统计。

（六）小组培训

重点在于培训小组长。

（1）明确组长的责任和作用：在小组内，起管理、引导、检查、督促作用。

（2）培养小组长荣辱意识和担当的责任意识。

（3）定期召开小组长会议。通过小组长会议，知道他们一周来在思想上、学习上和生活上的困难并及时予以解决，让小组长感受到老师的关怀和温暖。

（4）给小组长加"自助餐"。小组长为同学们服务，很辛苦，学有余力，必须有所回报。"自助餐"应注意的问题：有例题有规律；方法总结有针对性；习题有答案；量上由小到大；对小组长的学习效果要有检查评价，这实际上锻炼了小组长的自学能力。

（5）适时肯定、表扬、激励小组长。

（6）定期经验交流，给予荣誉。在定期召开的小组长培训会上，给出小组长一定的时间交流小组管理的经验或心得体会，每班评出优秀小组长（一般为一周中的优胜学习小组的小组长）并给予表扬。其实不只小组长需要培训，学优生学困生都需要培训，具体方法我也在积极探索中。"6+1"高效课堂的重点在于高效，我们所有工作的进行也都围绕这个主题进行，路漫漫其修远兮，吾将上下而求索，今后我也将围绕"6+1"高效课堂理念积极尝试，争取取得更大的成就。以上只是我一点浅薄的认知，不当之处敬请指出。

加强小组建设，助力高效课堂

韩晓宁　政治教师

我们学校正在进行"6+1"高效课堂改革，为有效推进高效课堂教学模式的实施，促进学生的全员参与，提升学生的综合素质，我们加强了学习小组的建设，来实现学习小组活动的有序开展，使小组发挥高效能，促进班级管理，助力高效课堂。

（一）学习小组建设

划分小组的原则：同组异质、异组同质，即每个学习互助小组都必须由好、中、弱三类学生组成，组长必须是成绩、能力最强的。根据班级的实际人数组建学习小组，每小组人数为6人，我们班共有9个小组。

1.小组建设

（1）小组的组名：我们班规定每个大组都要有自己的组名，组名是由小组成员自主商量确定。今年我们班的小组组名有"光宗耀组""奋斗组""拿破仑组""攀峰组""峥嵘组""爆浆芝士（知识）组""扶摇组""追梦组"。

（2）小组的组规组约：我们要求小组建立自己的组规组约，各个小组要在符合校纪班规的前提下，制订出符合本小组实际、具体可操作的要求：上课积极听讲、主动回答问题，课间保持安静等，否则，扣3分交由班长惩罚，扣10分交给班主任惩罚。

（3）小组的目标：每个小组都有自己共同的目标，比如NO.1。同时小组里每个成员都要有自己的目标，包括总分达到多少，班级名次和学校名次分别达到多少。这样小组内部有一定的竞争，小组之间也会有竞争。

（4）小组的照片：每个小组都有自己的照片，让他们自由选择校园的一个地方作为背景，6个人在一起拍个合照，体现小组成员的团结，然后把小组照片贴到后黑板上。

2.组员分工

组内根据需要，设立组长、学科负责人，实行分工管理。开始的时候，小组长由本小组的一号学生担任，如果一号同学确实不擅长管理，可以由小组内部管理能力较强的学生担任。学科负责人一般是按照一人一科，1号语文，2号数学，3号英语，4号政治，5号历史，6号生物，如果不合适，小组内可自主调换，比如1号擅长数学，2号擅长语文，就可以调换为1号负责数学，2号负责语文。班主任和任课教师经常指导学生既要积极承担个人责任，又要相互支持，密切配合，发挥团队精神，有效地完成小组学习任务。

（二）小组积分实施细则

小组积分是综合性积分，既包括常规管理的积分，也包括学习性管理的积分，涵盖自习纪律、课堂表现、考试成绩等多个方面，具体操作如下。

（1）课堂和自习纪律：要求课堂认真听课、自习认真学习，杜绝睡觉、说话等现象。课堂和自习被年级通报的双倍扣小组里的分。

（2）课堂表现：课堂积极主动回答教师问题，每人次给所在小组加1分；被老师提问回答不出来的，每人次给所在小组扣1分。

（3）限时练：限时练不按时提交的，每人次扣小组1分；限时练成绩被老师表扬的，每人次加小组1分；被老师批评的，每人次扣小组1分；限时练被要求过关约谈而没有去的，每人次扣小组1分。

（4）考试成绩：成绩进入年级前100名的，每人次给所在小组加10分；成绩在100~600名的，每人次给所在小组加5分；成绩在600~1200名的，每人次给所在小组加3分；进步之星每人次给所在小组加5分。

（三）小组运行机制

1.收交作业

以小组为单位收交作业，小组成员1~6号分别负责收语文、数学、英语、政治、历史、生物作业。为方便统计，各个小组的负责人把本小组的作业收齐后交给课代表，发作业的时候也以小组为单位发作业。

2.主持班会

我们班的特色是以小组为单位轮流主持班会，第一周由1组主持，第二周由2组主持，由于我们一共有9个小组，所以第十周重新从1组开始。班会要求是：一是主题：班会的主题要弘扬主旋律，传播正能量，具有激励作用；二是形式：视频、辩论赛、诗歌朗诵等形式均可。

3.小组补弱

我们班以小组为单位进行补弱，要求每人负责一科，之前补弱都是在上下午的第二节和第四节课的课间进行。但是这种补弱方式，时间比较分散，不利于对知识进行系统梳理。为此，我们班又在周五晚上第三、第四节课进行集中补弱。我们要求学生把这一周学习的内容按照各自分工，给小组里的其他成员进行梳理讲解，既要归纳知识体系，又要讲清楚重难点，也可以讲本周的限时练。为保证补弱效果，班主任主持并全程指导和监督。

（四）学习小组评价策略

1.日总结

限时练得分由学习委员负责。课堂表现得分二组统计一组的分，三组统计二组的分，以此类推，这样避免了小组成员给本小组多加分的情况。然后由各个小组的记分员把得分情况汇总给团支书张校磊（负责统计小组得分），最后由他把当天各个小组的得分写在黑板上的小组得分栏。

2.周汇总

先统计每日得分，每日得分汇总后形成周得分，我们每周一班会对本周优秀小组进行表彰：不仅给优秀小组小组长发奖状，而且给小组里的所有成员发物质奖励，还要把优秀小组成员的合照贴到教室后黑板的流动红旗栏。

3.月表彰

每月年级都要对优秀小组进行表彰，我们班表彰的原则是班级小组成员平均名次最低或者总分分数最高的小组为成绩优秀小组，同时优秀小组还要确保本月常规管理中位居前三名，否则取消评优资格。按照考试成绩和常规表现给各个小组进行排名，并按照排名顺序，由优秀小组优先挑座位。

4.个人评价

我们班优秀小组评价和优秀个人评价同步进行，因为有的小组很优秀，但是所在小组里个别同学经常给小组扣分，有的小组整体不优秀，但个别同学表现突出，所以，我们在进行小组积分评价的同时也实行个人积分评价，对于每周表现优秀的个人进行表彰。

5.惩罚措施

对于年级通报的违纪学生，我们班的惩罚措施是：罚站半晌，加入当天值日小组的值日。对于本周常规管理中，最后两名的小组惩罚措施是：一人交一元钱用来给优秀小组买奖品。

（五）存在的问题及解决措施

1.实行小组合作学习后，可能会存在以下三个方面的问题

（1）学生合作不主动，不深入。有的小组课堂表现得分一直较少。比如9组，几乎没有人主动站起来回答问题；有的小组看起来很积极，但是积极的也就那几名同学；有的课堂展示时站起来好多同学，你争我抢，耽误时间，但是大多数情况回答的问题思维含量低。而需要深入思考的题目，学生主动站起来回答的积极性不高。

（2）小组内部纪律较差。小组成员由于整天在一起，他们有时候有说不完的话，有时下课讨论的问题，上课了还在讨论。有的小组在课堂上有说闲话的情况，特别是7组，期中考试之后让学生自主对答案的自习课，我发现他们小组每个人都在说话聊天。

（3）小组之间发展不均衡。本来分组的时候各个小组的平均分是一样的，结果上学期期中考试后成绩最优秀的2组，比成绩最差的4组平均分高10分。

2.解决措施

（1）组员合理分工。要求每个学习小组内的组员都要有明确的分工，做到每人一岗。具体职责是：小组长负责进行学习分工、检查督促小组学习、维持小组纪律、组织讨论交流及其他组内活动。学科负责人协助组长工作，重点处理相对应学科学习中与教师的沟通工作。

（2）使小组讨论有序进行。在进行小组内讨论时，要求学生严格按以下三个步骤进行：

第一步：每小组先指定一位学生做中心发言人。

第二步：小组内轮流发言，其他同学认真听，中间不能打断别人，并准备补充或质疑。

第三步：自由发言，小组长总结归纳，组员做好记录。

（3）适时重新划分小组。为解决小组内部纪律较差的问题，在每学期期中考试之后重新划分小组。在新的小组里由于组员刚开始不是很熟悉，课堂、

自习纪律相对较好。

（4）加强小组内部补弱和小组之间相互补弱同时进行。为解决小组之间发展不平衡的问题，我们采取了以下措施。首先，要求各个小组长真正负起责任使学习过程显性化，帮助每个组员特别是相对落后的组员努力赶上。其次，不定期举行组长交流会，促进小组之间相互学习，取长补短、共同发展。最后，争取任课老师配合，对落后的小组多关注、多帮助。

（5）充分发挥班主任的作用。班主任不定期地给小组长开会，提高小组长的管理积极性。明确指出咱们国家现在实行网格化管理，咱们班级现在实行以小组为单位管理就是网格化管理的具体表现。要求各小组长带头遵守纪律，搞好学习，负起责任，努力带动本小组成员共同进步。

总之，通过班级小组的建设使各小组成为有效管理的团队，有效学习的组织，提高小组合作效能，来促进班集体的各项常规管理，提高课堂效率，从而提高班级成绩，构建优秀班集体。

善思索者智，善复盘者赢

潘丽英　语文教师

复盘，本是围棋术语，也称"复局"，是指对局完毕后，复演该盘棋的记录，以检查对局中招法的优劣与得失关键。这样可以有效地加深对这盘对弈的印象，也可以找出双方攻守的漏洞，是提高自己水平的好方法。

联想集团创始人柳传志第一个将复盘思维引入做事中，联想的每一个重大决策背后，都有复盘的影子。远东控股集团董事局主席蒋锡培也认为，复盘是一种非常有用的做事方法。"做了一件事情之后，回过头再去理一遍，可以得到很多有价值的想法。"不论是个人还是组织，成长道路上的挑战就是认知遮蔽，所谓"不识庐山真面目，只缘身在此山中"。复盘能有效地打破这种认知遮蔽，突破自我认知局限，找到问题产生的真实原因及解决方案。我们常说的"举一反三""一日三省吾身"或者"摸着石头过河""失败乃成功之母"，其中都蕴含着复盘的道理。

一个人的初心足够明确、决心足够强烈，就会主动地不断复盘，不断寻找解决问题的办法。海尔首席执行官张瑞敏通过复盘创造出市场链管理方法；360公司创始人周鸿祎依靠复盘从3721事件后变成拜用户教主，重新创业成功；冯仑在万通有个反省日活动；李东生复盘TCL。王阳明、曾国藩、任正非、李开复、马化腾等，古今中外各行各业的成功人士，无一不是精通复盘的高手。在学习中学会复盘同样至关重要。我们常说，"学而时习之""温故而知新"，一闪念、一回想、一反思、一对照，其实都是复盘。真正的学习非常需要这样的回顾、思考、归纳、探究、查缺补漏、举一反三。复盘不是简单的总结，而是在复习、反思、探究中提升，将"蒙着打"变成"瞄着打"，有的放矢，目标精准。减少无用功，避免低水平勤奋，避免徒劳无功，避免犯同样的错误，重视"思想"上的勤劳，认清问题背后的问题，洞悉问题的本质，从而抓住关键，发现规律，提纲挈领，最后达到高屋建瓴。我们身边的学习达人无不善于复盘。复盘是智慧的结晶，是成长的阶梯。要提升，多复盘，精复盘，善复盘者才能赢。同样的道理，学困生之所以学而不提升或提升较慢，很大程度上是因为不精通复盘，惰于思索，对知识一知半解，不求甚解，知其然不知其所以然，没有归纳、推演、探究，因而难以提升。只吃堑，不长智，看似忙忙碌碌，实则劳而无获，事倍功半。由此看来，开展复盘课势在必行。

复盘课开展的形式可以多种多样，如画思维导图、列知识清单、画智慧树等。教师把所学内容分配到各个小组，热情高涨的同学们精益求精地做归纳，选错题，找重点，总结方法规律，提出疑惑，自己制作课件展示，有的同学甚至用动漫的方式将重难点串联在一起，兴致勃勃地跟同学们分享。如火如荼开展的复盘课，真正成为学生学习的阵地。

语文作为语言学科，知识点非常零碎，复盘的形式可以更加多样化。最近我们学习了经典名篇《鸿门宴》，不少班级尝试用表演课本剧的形式进行复盘，同学们趣味盎然，才华横溢。他们开动脑筋，富有创意地准备了各种道具：用戒尺、雨伞、扫帚等当戟，用垃圾桶盖做盾牌，用水壶盖当酒杯，用面包做彘肩，用橡皮泥制作成玉璧……短暂排练后就能声情并茂地背诵台词，还能根据剧情需要进行创作，表演时不仅台词说得清楚流畅，而且动作和表情丰富到位，人物形象丰满生动。这些稚气未脱的少年，用心演绎着或奸或勇的历史人物，尽力还原这段波谲云诡的历史。各位演员初登舞台，竟也能配合默契，表演张弛有度，从容不迫。台下观众不时地会心一笑，入迷地看着这些平日熟悉的同学，既惊诧又钦佩。这些平时默默不语埋头苦读的同学，原来还这么天资超凡、深藏不露。这场趣味横生的表演，不就是一堂变化了形式的复盘课？同学们在笑声中轻松掌握知识点，还能走进人物内心，把握人物形象。教师多用些心思，孩子们就能收获颇多。

让课堂多一些欢声笑语、让学生学得快乐入心、让学习高效有趣，多么珍贵难得，而一堂别出心裁的复盘课完全可以实现。要让学生提升，不妨多复盘。善思索者智，善复盘者赢。

巧设"复盘"，让旧知重现

徐瑞节　政治教师

2020年，中共中央、国务院印发了关于教育评价系统改革的《深化新时代教育评价改革总体方案》，该方案充分彰显了以人为本的人本主义教育价值观，体现了"五育"并举的实践导向。人本主义教育强调学习者在教育过程中的主体地位，认为教育应充分尊重个体的自由和个性发展，重视人的情感、兴趣和需求，因势利导，调动和发挥其学习主动性、求知欲和好奇心，让学者在教育过程中不仅能获得全面发展，更能享受到学习和探究的快乐，收获人的尊严。

在新课改、新的教育评价体系指引下，我校进行了"6+1"高效课堂改革，充分发挥了学生学习的主体地位，随着我校"6+1"高效课堂改革的深入，学生自主探究知识的能力越来越强，小组合作意识也得到提升。为了让学生学习结果具有可视性，我校开设了基于翻转式学习的复盘课，这种教学模式打破了传统的教学模式，使学生从知识的被动接受者转变为知识建构的主动参与者，通过复盘课，学生对每周所学重点内容进行梳理归纳，在复盘课上进行展示。

这种上课模式，自开展以来深深得到教师和学生的喜爱，极大地调动了学生学习的积极性和主动性，激发了学生学习的内在动力，使学生真正成为学习的主人。作为一名教师，在新的教育评价体系指导下，应如何在复盘课上更好地发挥学生的主体，激发学生学习的内在动力？其实，要想上好一堂复盘课，需要教师和学生精心设计、巧设"复盘"，不断让旧知重现。

（一）复盘课的课前准备

1.明确复盘的内涵和意义

"艾宾浩斯遗忘曲线"提出，遗忘的规律是先快后慢，特别是识记后48小时之内，遗忘率高达72%，所以，作为学生，隔几天就应该将所学的知识进行复习，及时回顾，所以基于遗忘规律下的复盘课尤其重要。

到底什么是复盘课呢？其形式和意义是什么？所谓复盘课，就是让学生将一段时期内（一般是一周）学过的知识进行回顾、整理，然后通过一定方式给其他学生展示，其展示的形式有很多种，比如，黑板板书、思维导图、课件等。复盘课对于学生而言，意义重大，可以激发学生的学习内动力、提高学生的学习兴趣，最重要的是通过这种方式，可以将学过的知识重现、将课本理论知识内化为学生自己的知识。

复盘课对于学生而言是一个新的名词，所以在确定复盘课之前，教师一定要将什么是复盘课、复盘课的目的以及要复盘的是课本哪一章节的知识等明确地告知学生，让学生做到心中有数，以便提前做好计划和安排。

2.复盘课的教师预设

复盘课前，教师将复盘的内容告知学生，让学生提前对知识进行复习回顾，并以自己的方式进行整理，以备课堂展示。其实为了使效果更佳，教师也需要进行课前预习、梳理框架、整理重难点，以便学生展示不完整时，教师及时进行点评、补充和总结。

（二）复盘课的具体实施

经过精心的课前准备，复盘课就可以如火如荼地进入实施阶段。在我组织的复盘课具体实施中，一是先由学生上台展示；二是学生展示完，让台下的学生进行补充、质疑、完善；三是教师进行总结和点评。整个过程既发挥了学生的主体作用，又通过大家的思想碰撞，对旧知加深理解、记忆和应用。在具体实施过程中，学生的积极性特别高，复盘课的展示方式也多种多样，有的学生用思维导图，梳理了知识体系；有的学生板书讲解重点知识，加深了重难点的理解；有的学生总结错题，加深了知识的运用。形式的多样性，也活跃了课堂气氛，总之，在复盘课的具体实施过程中，学生不仅将学习结果展现出来，还能享受到学习和探究的快乐。

（三）复盘课的实施效果

通过我和我的学生复盘课的多次实践后，学生反馈效果不错，积极性也很高，其实施效果主要表现在以下几个方面。

1.提高学习效率

复盘课通过对过去一周或者几周的知识的总结和编排，有利于学生在大脑中重塑知识点，加深学生对知识的理解和运用，形成清晰有条理的知识体系，同时将思维导图、课件等知识整理材料留存下来，也有利于后期复习时使用。

2.培养独立意识

每个人的思想不同，因此，表现方式与表达效果千差万别。复盘课通过学生的讲解，让学生加深对知识的理解，把课本上理论性的知识点内化为自己的知识，从复盘开始的准备到后来的展示，有助于培养学生的独立意识，加深知识记忆，拓宽思路，使思维多元化。

3.培养体系意识

学生在复盘课展示中，最突出的是采用思维导图的形式，通过学生自己整理的思维导图，有利于其将课本上碎片化的知识转化为系统的知识体系，在这个过程中培养了学生自我整理知识体系的能力,将零散的知识转化为完整的结构关系,不仅对学生当前的学习有利,对于今后步入工作进行各种规划也是很有意义的。

4.锻炼能力、增强自信

通过复盘课的展示环节,学生由坐在下面听课的学生,变成站在讲台上讲课的教师,这个过程锻炼了学生的信心,培养了学生的实践能力,有利于激发其学习的积极性与活力。

作为一名政治教师,通过一段时间复盘课的尝试,我和我的学生越来越喜欢通过这种模式来回顾和复习知识,当然,在实施的过程中也发现了一些问题,比如,在展示中采取思维导图这种形式的学生较多,如果同学们可以有其他丰富多彩的形式,或许效果会更好,如突破时间限制做个课件和视频等;另外,作为政治学科,单纯的课本理论的复盘也有点枯燥,如果学生能够将课本知识和时政热点结合在一起效果会更好。

以上是我个人复盘课实施过程中的所思所想,在教学的路上,日子还长,需要学习和反思的也很多,复盘课这种模式虽然"小荷才露尖尖角",但相信在不久的将来,这种模式一定能凸显它的教学"威力"。对于我而言,复盘课实施的时间不长、经验不足,今后一定不断总结经验,学会巧设"复盘",让学生的旧知不断重现。

限时练如何批改更有效

赵玉红　数学教师

教学过程是在教师的指导下,学生通过学习,认识客观世界的动态过程,而调控并优化教学过程,主要是通过和学生之间的信息联系和反馈不定期实现。教学过程中的单元检测,时间较长,不能及时反馈当时信息。课堂改革后,高效"6+1"课堂模式的"1",即每节课后的限时练,直接反馈课堂效率,呈现学生学习效果。限时练的限时性,是学生学习情况反馈的重要且最可靠的手段之一。教师通过批改限时练,不仅了解了学生的知识掌握程度,更反思了自己的教学成果，修正了自己的教学方法，提高了教学质量的重要措施和手段。所以，在"6+1"课堂模式下，限时练的批改尤为重要。作为一名数学教师，我结合自己限时练批改情况，谈一下做法。

（一）课堂面批+过关

学生在下午第三节独立完成限时练，按时交上答题卡，教师先把答题卡上的试题阅完，并用红笔标出学生的错误之处，把错误归类处理，把不需要面批的答题卡发给同学们，把需要面批的答题卡留下。课前，把需要面批的同学叫上台，当面指出所犯错误，并根据所犯错误给他们提供该题型的变式题目，让他们快速解决，并让学生一一讲解，过程中追问需要加强的知识点。让所有同学快速更正限时练，并再次上交。

课堂面批可以及时对学生的错误作出直接反馈，当面指出错因，给出提示，让学生思考，重新梳理解决方式，让同学们对错误点的理解记忆更深刻，也保证了有效和学生沟通。"亲其师，信其道"，面批能让学生感觉到老师真心关心他、重视他，能促进学生更好地学习，激发学生的学习兴趣。这也是美国哈佛大学"罗森塔尔效应"的运用，即爱的效应、关注的效应、期待的效应。对实验者的期望越大，倾注的心血越多，付出的感情越深厚，那么被试者的上进心就越强，进步就越快。限时练之后的面批就是为了更好地促进教学，它不是传统改作业一个对错号的肯定或者否定，面批是鼓励及积极意义的暗示，帮助学生弥补缺陷，矫正"误感"，培养学生建立我能行的自信心与自豪感，提高限时练的作用，从而提高课堂效率。

（二）组织学生互改+过关

创造条件让学生在学习小组的交互影响中使自己的个性优势得到充分发挥，在共同的学习活动中，学生能取人之长，补己之短。重视学生之间的互改，发挥学生在评价中的积极性和主动性，组织学生认真批改，严格按步骤给分，也是让他们更加注重学科解题思维过程。批改结束，总结批改过程中出现的不同解题方法、计算技巧。这样，学生对所学知识再一次认识，既了解自己的问题所在，又能从其他同学的作业中学习新颖的思路和方法。

同学们及时进行整理，然后找老师过关，在过关的时候老师会进一步考查学生掌握所学知识、方法，完善知识体系，保证真正掌握本节知识。

（三）评语批改

有人说教师的语言如钥匙，能打开学生心灵的窗户；如火炬，能照亮学生的未来；如种子，能深埋在学生的心中。"作为教师，怎么可以吝啬自己的金玉良言呢？"适时适度地写好评语，有利于促进学生养成良好的发散性思维和创造性思维，更有利于沟通师生之间的情感，调动学习的积极性，促进学生养成良好的学习习惯。当然，写评语时要注意简洁、明了、自然、亲切、实事求是、充满希望、富有启发性，这样才能得到良好的教学成果。

总之，限时练是课堂教学的延续，对限时练的批改，直接影响自己反思课堂效果，学生掌握知识的程度，有效的限时练批改，还可以及时解决学生困惑，检验教学质量，激发学生学习热情，增进师生感情。批改之后的再一次过关，是对学生学习的督促，为学生不留夹生饭提供了保障。我努力尝试批改限时练的各种方法，以期树立学生学习的自信，提高课堂教学的实效，期待我们的"6+1"高效课堂各环节日臻完善，生根开花。

因"错"施"法"，共同成长
——我是这样处理学生错题的
王爱民　语文教师

作为一名学生，只要做题，就难免会做错题，这是个无须证明的话题；作为一名老师，如何对待学生五花八门的错误，这是个很烧脑的问题。老师们在帮助学生纠错的路上，可谓八仙过海，各有妙招，下面我就针对学生错题的处理方式谈一下自己的想法与做法。

"这么简单的问题都做错？""你就不能动脑思考一下吗"这几乎成了

每位老师批评学生时的口头禅。然而学生之间是存在差异的，比如，学习态度、学习能力、思维方式、成长经验等，因而实际情况是：再有难度的问题，也有同学能研究出答案；再简单的问题，也很难正答率100%。那么，怎么办呢？

《论语·为政》中有一段文字：

子路问："闻斯行诸？"子曰："有父兄在，如之何其闻斯行之？"

冉有问："闻斯行诸？"子曰："闻斯行之。"

同样的问题，因为提问的学生不同，孔子就给出了看似截然相反的答案，这就是孔子的"因材施教"。具体问题具体分析，用最合适的方法解决具体的问题，孔子因材施教的教学思想，在中国教育史上产生较大的影响。同样，面对学生的错题，也要因"错"施"法"。

对于学科知识点之类的错误，要求学生必须在理解的基础上不打折扣地背诵下来。一个班级人数众多，真正自律性高的学生不占多数，这就需要老师下死命令，严要求。在每天的限时练之后，我就让每位同学准备一张A4纸，写上周一到周五，写上每天的限时练学科；每天练习结束，学生把知识型的错误找出来，自己理解背诵，在当晚休息前找同学提问检查，检查后检查人要签名，周六晚考试前由学习委员收齐上交给班主任。这期间，组长负责每天督促组员完成。特长生只提交所做限时练的学科即可。

对于思维与学习能力欠缺型的错误，则是学生能力提升的关键点。基于学生学习的能力差异，我对学生提出的要求也体现出层次性。对于优等生，要求所有题目均要过关，能进行复盘重做，做到举一反三，要能明确自己的思维陷阱并加以改进；对于中等生则要求其根据答案解析，能够把题目的答题思路讲解出来，班内排名11~35的同学，每天至少从各学科限时练中找到一道这方面的题目，给同学或者老师讲解出来，然后让其在你准备好的纸上签字；对于学科能力相对较弱的同学，就要求他们每天问一道这方面的题目，学会后，记录询问人以及收获，从点滴做起，从简单做起，逐步提高。

对于"限时练"及周考等综合性测试题的错题整理，都需要学生按照上面两种方式分类分析，且要认真填好一生一案表，在整理中获取进步。这是一项长期的工程，无论是整理、重做，还是讲解、问询，都离不开学生的认真配合，离不开对学生学习积极性的调动，离不开让学生从中尝到甜头。因此，老师需要在限时练的第二天通过多种方式及时对学生进行个别追踪询问，并对完成好的给予个性化表扬。

学无定法，教无定法。但只要从心出发，只要不违背学生成长与学习的规律，一切有益于学生进步的方式都可以尝试，而一切用心的付出也必将收获师生共同成长的幸福。

思维导图让学习可视化

陈海丽　　数学教师

随着教育教学改革的进一步深入，教师的"教"和学生的"学"都发生了巨大的变化，由"应付考试的无效学习"逐渐向"有效的知识和能力培养"转变。只有将学生充分调动起来，让学生自己去观察、感受、经历、体会、思考，知识和能力才能真正落实到学生身上，才能让学生全面发展，实现为国育才。

我们学校在新一轮教学改革中快速转变教育教学观念，致力于探索高效教学模式。在课堂教学中，我们探索推进了"6+1"高效课堂，使学生在课堂上的主体地位得到充分体现；开展限时练为课堂效果提升提供有力保障；落实"日清、周清"和复盘课巩固提升学生学习效果。目前，我们的课堂和限时练已经有了一套比较完善的模式，也取得了可喜的成绩。在落实日清、周清和复盘课上，我们仍有提升的空间。传统的日清、周清，存在部分同学被动应付的现象，学生真正参与的程度、深入思考的程度也有待提高。"清"和"不清"不容易量化与区分。再加上学生自消的时间有限，每位学生遇到的问题又各不相同，给日清、周清的落实带来较大困难。

为加强学生的日清、周清的落实，实现学习的可视化，提高学生深度学习的能力，我们开始探索使用思维导图让学生梳理知识，实现学习的可视化，进而改善学生的思维。

结合学生的实际情况,我们从思维导图入手做了初步探索和实施。具体经历了以下三个阶段。

(一)理论学习,思想动员阶段

明确思维导图的定义和作用。思维导图:思——思想、思念、考虑,此处的思是要我们用心思考;维——维度、角度,我们是通过什么角度来思考的,或者我们还能够通过什么角度来思考呢?导——引导联结,我们的想法是相互关联的,将相互关联的想法联结在一起就是我们所思考的内容;图——一种表现形式,思维导图可以用图形或者网络等不同的可视化方式进行体现。通过对"思维导图"四个字的解读,我们可以用一句话来说明思维导图:思维导图就是一种可视化思维器。它可以将我们大脑中的任何想法以可视化的方式呈现出来,便于我们梳理思路、提取信息。

(二)尝试应用阶段

引导学生试着运用思维导图进行日清和周清。思维导图根据用途的不同,有8种图形表示方式,即圆环图、气泡图、流程图、多流程图、支架图、树形图、双气泡图、桥梁图。每一种思维导图都需要使用者具备认知能力和强大的逻辑思维。所有的思维导图都可以进行创造性组合。在我们的日清、周清课堂上,学生常用的形式有以下几种。

(1)流程图——顺序和排列,旨在将一个过程和进展可视化。流程中的信息和步骤可以很好地、具体地进行标注和识别。

(2)多流程图——分析原因和结果。多流程图的重点是分析原因和结果。

(3)支架图——辨别组成部分,目的是部分与整体主题之间的关系。与树状图相比,支架图倾向于组织和概念化整个主题的组成部分。但是,由于支架图只考虑到真实的物体或情境,所以不能包含抽象的思想和观念。

(4)树形图——分类和组织,是将信息组织起来,让学生可以根据对象与主要类别的关系进行分类。

（5）双气泡图——比较与对比，把两张泡图放在一起，这样学生就可以很方便地比较出异同。组合后的阴影是相似之处，而不同之处则在圆圈的左边各部分更加直观、有序。学生经常使用双泡图进行文学分析，可以比较同类小说中的人物、情境以及情节。哪些相似的经历使他们成功，哪些不同的经历使他们有不同的人生结局。

（6）桥梁图——见异思迁。桥梁图帮助学生通过比较找到对象之间的相似性和联系，将以前的知识与新知识联系起来，培养类比能力。

在梳理知识、创作自己的思维导图时，学生可以加入很多自己的创意和想法，这就大大提升了学生创作的热情。学生用多种不同颜色的笔来描画多种不同形态的图形，开始有趣的联想和想象。学生创作的思维导图从配色到配图，也有很强的艺术性和可展示性。无论他们的基础强弱，都有很多收获，在展示的过程中也获得了自信，增强了他们对课堂的参与程度，提高了学习兴趣。通过思维导图将自己所学的知识用图片展示出来，清晰地看见自己思考的过程，实现了学习的可视化，更有利于教师对学生的学习做出具体的量化评价和有针对性的指导。

（三）鼓励展示阶段

以赛促学，形成长效激励机制。为了进一步激发学生的热情，鼓励学生坚持用思维导图进行知识的总结回顾和梳理，在年级里定期举办"思维导图设计大赛""思维导图复盘展示比赛"。要求以小组为单位，群策群力，集思广益，相互补充，最后形成成果，在复盘课堂上加以展示，评比最佳小组。学生由原来被动的复习回顾，变成了主动地用思维导图梳理展示，学生学习的视角发生了转变，站的纬度高了，分析问题的思路更广了。学习的动力明显加强，学习效果也发生了翻天覆地的变化。

（四）反思和修正阶段

思维导图的学习和运用改变了学生习惯的线性学习方式。一开始学生会有些不适应，通过多次训练就可以掌握这项能力。思维导图的应用过程一定会经历由隐性到显性、由显性到高效、由高效到自动化三个阶段。由隐性到显性即把头脑中抽象的思维用图文结合的方式画出来，一开始会很慢，这是打基础的过程，这个阶段先别管画得好不好看，先画出来。由显性到高效即随着提取关键词、绘制技能的提高，学生的速度会越来越快，这个阶段可以不断地优化学生的思维。由高效到自动化即通过大量刻意的练习，我们的神经元细胞形成新的链接，可以处理更复杂的数据。面对复杂问题的时候，会自然而然地形成反应。在应用思维导图的过程中还要避免一个误区，不能仅仅为了追求设计的美观，耗费大量的时间和精力。思维导图是工具，是让学生的学习结果可见的工具，是建立系统的知识框架体系的工具。思维本身是无法被看到的，而思维导图利用图文并重的方式，使思维得以显现。绘制思维导图就是对思维能力的运用。绘制思维导图能够指引、激发、组织思考，从而使学生习惯从系统的高度把握知识，养成联想思维的习惯和寻求事物之间内在联系的习惯，发展学生思维。

利用思维导图，实现学生学习的可视化，真正使日清、周清落到实处，学生的学习效果得到了提升。但前行的路还很长，提升学生学习效率从来没有最完美的方案，我们要在实践的过程中不断完善。

研学促成长，静待花儿开

乔璐　政治教师

新时代孕育新梦想，新征程担当新使命，新高考亟须新思维。过去常说："要给学生一杯水，自己要有一桶水。"如今时代发展日新月异，科技创新层出不穷，数据信息充斥精神家园，"一桶水"已经远远满足不了学生的求知欲。教师要有扎实学识就必须树立终身学习观念，不断给自己增氧、充电、扩容。不仅要静心研究教材研究习题提升专业素养，也要广泛阅读群书保持思想与时俱进。然而家庭生活琐事、手机电脑网络、抖音快手腾讯占据生活绝大部分时间，仔细回想，能真正潜心阅读、深入研究的时期，好像要追溯到大学时代。

2020年秋季学期开学伊始，学校因势利导提出"7大行动计划"，其中"教师专业素养提升计划"恰好为教师们安排出时间和空间，助力教师专业成长。周一到周五下午第三节时间是固定研学时间，下午第二节下课后，莘县一中校园立刻热闹起来，教师们携带研学资料和研学笔记步履匆匆地在校园穿梭，奔向知识的海洋。在集备研学室，教师们或慷慨激昂分享自己的所学所思，或共同观看"一师一优课"的精彩课堂，或就教材某个知识点"争论不休"，或分析当前"两会"时政热点引入课堂，或分享知网研学上的某篇专业文章，或是解读教师用书教材内容和重难点分析，抑或是共读一本书，如《中国课堂的奇迹》《从教走向学：在课堂上落实核心素养》《核心素养导向下的课堂教学》……集备研学室里，知识传递、思维碰撞、热闹非凡、精彩万分，老师们脸上洋溢着收获的喜悦。

我想如果让某位老师去准备一节公开课，或者做一套模拟试题，每位老师都能高标准严要求保质保量地完成，但是若让某位老师有时间的时候读读书，这个真的很难保证达标。但是现在我们每天有集中研学时间、有研学程序、有研学计划、有领学人，这就督促老师们必须孜孜不倦地学习，把知识融会贯通，形成自己的思想，然后分享给大家。"学贵有友，共生共长。"在我们高一政治组，有领航掌舵、凝心聚力、计划有据、合理分工的邹丽萍组长，有经验丰富、乐于分享、善于指导、助力年轻教师成长的岳爱英老师、冯振红老师、刘红云老师、徐瑞节老师，有谦逊有礼、乐于学习、成长迅速的张艳艳老师、刘菲老师，有初入职场、勤奋好学的于静老师、王莹莹老师，有德高望重、备受爱戴的邹玉华老师。在这个温暖的集体中，大家的相处是愉悦的；在高效的研学活动中，大家是有收获的。当然，我们组的努力也受到了学校领导的肯定。今年3月，我们组获得了"聊城市最美巾帼奋斗集体"荣誉称号。

"好雨知时节，当春乃发生。随风潜入夜，润物细无声。"教师的专业成长需要长年累月坚持不懈地研究学习，是一个潜移默化、润物无声的过程。研学活动短时间内难有立竿见影的效果，但从长远来看，尤其是对像我这样的年轻教师而言，必然是大有裨益的。老教师的精准点拨、经验分享、独到见解，年轻教师的时代印记、网络趋势、独特视角，无声中的交流碰撞，使莘县一中的春天更加生机勃勃，更有生机活力。泰戈尔曾这样写道："花的事业是甜蜜的，果的事业是珍贵的，让我做叶的事业吧，因为它总是谦逊地低垂着他的绿荫。"春色满园关不住，三月的校园已经在既定轨道上高效运转，让我们乘着研学活动的东风，不断提升自我，静待花开。

从一堂公开课浅谈物理"6+1"课堂核心素养的落实

李庆云　物理教师

前一段时间在学校举办的同课异构"6+1"课堂教学大赛上，我的一节高三复习课《楞次定律》夺得了教学大赛一等奖，这节课不管从形式上，还是从内容上都是严格按照"导、思、议、展、评、检"6个环节设计，以学生的学为主体，教师的教为导向，按照物理四个核心素养方面设置教学目标，紧紧围绕教学目标展开教学。虽然教学效果还算可以，但是需要反思的地方还有很多，尤其是核心素养的落实。认真看了王春易老师的《从教走向学：在课堂上落实核心素养》后，对于"6+1"课堂有了新的认识，对于核心素养也有了新的体会，愿意和老师们一起分享。

首先，"6+1"课堂是基于学生学设计的课堂，和王春易老师倡导的课堂理念是一致的。咱们老师尤其是一些老教师都是传统课堂过来的，在传统课堂上，老师的教是主导的，老师善讲、能讲、满堂灌成了常态，看似老师很卖力，很有激情，但是真正落实到学生身上的东西太少，反过来，尤其是我们物理学科，学生解决问题的能力没有真正提高，对于一道问题，不能举一反三，换了换情境，学生就不会了，所以对于情境教学，恰恰是我们课堂上应该多多关注的问题，"无情境不教学"还是有很大道理的。那么我认为这其实就是物理学科所提到的核心素养问题，物理学科中的科学思维。我所理解的科学思维应该使学生具备面对各种情境下都能有效解决问题的能力，尤其是把复杂情境下的问题转化成老师讲到的经典模型问题。因此，在设计公开课的时候我也注意到了这一点。

其次，对于一堂好的公开课，教学目标的设计我认为很重要，因为教学目标是方向，我们整堂课的设计都要围绕教学目标展开，那么，怎么设计这堂课的教学目标呢？我认真查看了课程标准，注意课程标准不是教学目标，王老师也说到"课程标准是纲领性、指导性文件"，研究课程标准就要对所讲的内容进行提炼。把纲领性、指导性文件提炼成可操作、能够落实到学生身上的教学目标。另外，考试说明和指导意见也是我们参考的重要依据。这是上好这一节课的第一步，接下来，我们还需要做到"6+1"课堂每个环节的精心设计。在这些环节中，我认为最重要的是"思"环节。因为这个环节才是真正让学生学、讨论并总结的，而且在课堂当中占用的时间最长，也是让教师的思想从教走向学的重大转变。所以，我们的导学案一定要精心设计，精选题目，抓住学生知识的生长点，在设计题目时，让大部分学生伸伸手能够得着。所以在备课时，我所选的习题从一开始试课到最后上公开课，每道题目几乎都换了三遍，最后感觉还是不尽如人意。咱们老师集备中出现一个最重要的问题是，对学生的学不放心，感觉这个地方需要讲，那个地方也需要讲，所以思的时间就一而再再而三地给压缩了。慢慢地这堂课又回归到传统课堂——满堂灌。这样的课堂又从学生的学变成老师一味地教。

最后，谈谈核心素养。所谓的"素养"，指的是素质和修养，关注学生学的过程就是关注学生核心素养形成的过程，具体来说，素养是一个人的"精神长相"，素养是一个人的"人格"，素养是一个人的"行为习惯"，素养是一个人的"思维方式"。"6+1"课堂的创新符合书中的理念，符合当今新课改的形势，所以"6+1"课堂具有生命力，它一定会像星星之火一样，传到全国各地。但我们应该冷静地看到在集备过程当中，哪些问题我们做得还不够好，哪些地方需要改进，所以"6+1"课堂是指导性的课堂，但并不是唯一的。这样的课堂是让我们老师理念转变的课堂，从教师的教逐步走向学生的学。在学生的学上多花力气，多花工夫，一定是我们教学的方向。

浅谈情境化教学策略

马兰胜　语文教师

最新颁布的《普通高中语文课程标准》（2017年版2020年修订）指出：高考语文试题以真实、典型、具体的语文实践活动情境为载体，要求学生在特定情境中完成现代文阅读、古诗文阅读、语言文字运用和写作任务。近两年，高考命题越来越突出情境设计，"三结合、三情境"将成为命题的重点，即将作答要求与人生体验相结合，创设真实的任务情境；将命题材料与教材内容相结合，创设综合的探究情境；将命题设置与生活现实相结合，创设开放的问题情境。如何应对这类情境化试题已迫在眉睫，下面我就情境化教学策略谈谈自己的认识和思考。

1.何为情境化教学策略

情境化教学策略是指在教学过程中，教师有目的地引入或创设具有一定情绪色彩的、以形象为主体的生动具体的场景，以引起学生一定的态度体验，从而帮助学生理解教材，并使学生的心理机能得到发展的教学策略。其精髓为将抽象书本知识还原到生活场景中去。

通过上述概念我们发现，情境化教学策略并不是新鲜事物，在任何一个阶段的教学中教师都不自觉地在使用。尤其是在中小学的课本编排上，知识多通过生活化的场景呈现。只不过，到了初高中阶段，随着学科的分化和学科内容的增加，生活化的场景减少，情境化的教学策略也随之减少。而在新高考背景下，对知识的考查更加灵活，其中一个方面就是增加了情境，强调知识的活学活用。

2.情境化试题的特点

情境化试题的最大特点是在试题中加入了情境限制。命题者通过创设情境，在题目中埋入诸多限制性条件，在答案中也加入了不少限制性要求。这种题型与单纯的知识考查最大的不同在于组织结构的形式。前者是立体的，各个元素之间都有或多或少、各式各样的联系，有丰富的"化学反应"；而后者是平面的，是罗列与排序。这种题型需要考生运用多方面甚至多领域的能力去应对，不仅需要考生学会换位思考，还要能够通过多角度甄别上升至全局视角，更需要教师在平常的教学中注重情境化的教学策略。

3.情境化教学策略的意义

情境化教学策略是核心素养导向的六大教学基本策略之一，是核心素养教学的观念真正落地的实现路径和方法的一种。在近几年的高考中，情境化有越来越多的体现。不仅文科的字数、情境设置增多，理科中的情境也呈增多之势。所以，进一步研究学习情境化教学策略对于适应新高考有重要的意义。

4.语文高考的情境化

在所有学科中，文科创设情境相对理科较容易一些，近几年的语文高考体现得较为明显。比如，之前考查语言文字应用会直接考字词的写法和读音，现在则从整段材料出题，一个材料其实就是一个情境。而对名句的考查更是应用到了情境，名句不是给上句写下句，给下句写上句，而是创设一个情境，间接考查学生理解运用名句的能力。无论是现代文阅读理解还是古诗文阅读理解，有时候学生读不进去，感觉不会做题。其实，用情境化去思索就会发现，问题的根源在于学生没有进入文本的特定情境。这个时候单单掌握答题套路是不够的。近几年，任务驱动型作文很火。在语文老师看来这就是常考的应用文。任务驱动型作文从本质上来讲是材料作文，与传统材料的区别就在于创设了一个情境，让考生在规定情境里写作。

5.情境化的教学策略

"情境既可以是观念的、想象的、情意的、问题的，又可以是物理的；既可以是虚拟的，又可以是真实的；既可以是基于学校与课堂的功能性的，又可以是基于社会的、自然的、日常生活中的。"根据情境创设依据点的不同，我们把情境划分为：通过联系生活创设的情境、通过实物创设的情境、通过图像创设的情境、通过动作创设的情境、通过语言创设的情境、通过新旧知识和观念的关系创设的情境、通过背景知识或场景创设的情境、通过问题创设的情境等。

在日常教学中，为了达到理想的教学效果，我也曾常常创设情境，搭建知识转化为素养的桥梁。在这里我举一个书上没有的例子，我尝试着为教材上的课文找相对应的歌曲作为情境导入，比如在讲《相信未来》这首诗时用汪峰的《光明》导入，讲李清照的《一剪梅·红藕香残玉簟秋》时用《月满西楼》导入，讲朱自清的背影时用《懂你》导入。这其实也是情境化的创设，让学生在感受音乐营造的意境中体味歌曲的情感，从而在接下来的学习中与课文学习互为映衬，使学生迅速进入情境，把握文章情感。

6."无情境不教学"

我听到过很多人说"无情境不教学"，重视情境化教学策略没有错，但是为创设情境而创设情境，往往会走向另一个极端。因为每个老师的水平能力不同，很难保证创设情境的科学性。在高考题目的命制上，也不是全都设立一定的情境，所以，我理解的无情境不教学更多的是一种思想上的重视，行动上的追求。有了这种重视和追求，我们才更多地将课本上的知识和生活相联系，才会提高学生的学习效果和效率。整个学科组的人都有了这样的认识和行动，经过集备研学经验交流分享，无情境不教学也许真的能够实现。

尽管我对情境化教学策略有了一定的认识和实践，但是在教学实践中也经常会想不起来它，有时候会为了赶进度把语文课上得枯燥乏味。学无止境，教亦无止境。在新高考背景下，作为教师，我要走的路还很长。情境化教学策略也仅仅是六大教学策略之一，所以唯有读书不止，思考不断，勤于实践，才能真正地成长充实自己。

"6+1"高效课堂下数学核心素养的落实

王艳平　数学教师

2014年3月，核心素养首次出现在《教育部关于全面深化课程改革落实立德树人根本任务的意见》中，从此，核心素养开始进入我们的视野。全国各地，一线教师与教育专家们围绕核心素养的教学研究，展开了学习探究的热潮。在核心素养备受关注的大环境下，全国各地的课程改革层出不穷。为了更好地体现学生的主体地位，我校在2019年学期之初，也展开了全面推行

"6+1"高效课堂的教学改革。在这一年半的学习、摸索、探究、改进中，我慢慢感受到"6+1"高效课堂的魅力。在课程改革实践中，我校教师积极探索，树立新型的师生观念，"以学生为主体""调动学生的学习积极性和主动性""彰显学生个性"在课堂上得到了有效的关注。下面就"6+1"高效课堂教学模式下，我们是如何落实数学核心素养培养的，浅谈一下自己的认识。

"6+1"高效课堂的教学模式是：课堂"导、思、议、展、评、检"六环节加上"限时练"的巩固提高环节。"6+1"高效课堂模式最大的特色是将课堂的主角从教师转变为学生，课堂上能让学生表达的尽量让学生表达，能让学生做结论的，尽量让学生做结论，能让学生自己探究的，尽量让学生自己探究。让每个学生都参与到课堂教学中来，发表自己的见解，让学生的学习过程由枯燥变得生动，由被动变得主动，解决学生打瞌睡、注意力不集中、课堂效率低等问题，使学生学得快、记得牢、效率高。究其根本，我认为"6+1"高效课堂是变老师教为学生学。让学生从学懂、学会，变为会学、会用。从这方面充分体现出，"6+1"高效课堂关注的是学生发展所必需的品格和能力。

在课堂导入环节，我们采取的方式多样。可以设置适当的教学情境，让学生知道数学来源于生活，提升学生的学习兴趣。例如，在《等差数列求和》这一节课的教学设计中，在全体高二数学教师集备讨论下，我们设置"阅兵方阵视频"多媒体展示引入课堂，从阅兵方阵中抽象出梯形点阵，利用梯形点阵中点的个数（即阅兵方阵中士兵人数）为契机，带领学生探究，合作学习发现"倒序相加法"。有时，我们会采用复习导入的方式引入课堂。在高二下学期，我开始尝试课前学生总结上节所学的方式，让学生讲解，来培养学生反思总结，内化知识的能力。有时也会采用"问题串"的方式引入课堂。但是，无论采用什么方式，教师们都有意识地在课堂之初，就把重点放在了提升学生学习兴趣，提高学生积极性上，着眼于学生个人探究学习的引导，有利于学生数学抽象和逻辑推理能力的培养。

接下来是"思"的环节，在这个过程中，我们一般采用，老师设置好学案概念探究的阶梯问题和典型例题，让学生独立探究。这个环节是学生高效独立思考的环节，老师一般不可以做任何讲解来打断学生独立思考的过程。但在这个环节中，老师会不断巡视学生学习的情况，遇到个别有困难的学生，可以单独指导，帮助学生继续思考。同时发现学生共同学习困难的知识点，为自己的"评"做准备。在这个过程中高效培养了学生数学抽象、数学建模和数学计算能力。虽然在这个环节看似老师做的工作较少，但是在课前，老师在备课时，对引导自学的问题设置和阶梯设置是需要下一番功夫的。这也是课前我们要进行三次备课的原因，先是个人初备，再是高二全体教师集备，最后进行个人复备，老师才能走进课堂。课前的精心备课是"6+1"高效课堂可以实现的前提。

在进行课堂"议"的环节时，我们一般采用分组讨论的方式。由组长组织本组同学对有异议的知识点和老师提出的典型问题，展开讨论学习。在这个环节主要实现了"学生教学生"这样的学习方式，不仅可以培养学生的合作学习意识，同时可以实现学生的高效学习。美国学者爱德加·戴尔提出的学习金字塔理论告诉我们"讨论、实践、教授他人"是主动学习中效率较高的学习方式，特别是"教授他人"，可以使学习效率达到百分之九十。在这个学习环节实现了学生学习的高潮、学习的最高效，符合新课改下学生个人核心素养的提升，不仅让学生学会了合作学习，也学会了帮助他人。这个环节培养了学生团结合作、互帮互助的精神。同时学生也从中收获到帮助他人的快乐，使个人的学习能力得到提升。

在我们学校，一般在展示的环节中，不管是板演还是回答问题，或是学生讲授展示，学生都会争抢展示。经过前面三个环节的学习，每个学生都想把自己的收获展现给他人。在这个环节很好地培养了学生的自信心。

经过前面对学生学习困惑的搜集和学生的自主学习，在"评"的环节，老师会根据前面学生的学习进行点评。在这个环节，教师的任务是先从自学、合作、参与度等方面，对小组给予评价激励和简单的评价，接着点评精讲学生在展示中暴露出来的问题和学生通过探究仍不能解决的问题，然后再顺势讲规律、讲思路、讲方法、讲线索、讲框架。最后帮助学生对本节知识进行整体梳理形成知识网络。一句话总结就是:"评"是精讲,"评"是拓展,"评"是点睛,"评"是结论。下面结合我的一个课堂实例说明。

首先,第一问不用讲解,我没让学生板演,只给出最后结果。

其次,第二问要重点讲解,有基本不等式法求最值和三角函数法求最值两种思路,我分别找了两位同学进行板演。但是对于基本不等式的转化最值一步很多同学不会,这是我精讲的重点,基本不等式等号条件的忽略是易错点,让学生拿红笔记下。对于三角函数法的解决过程有两处关键,一是利用正弦定理边化角;二是用辅助角公式对三角函数进行整合,这是讲解的关键,但在这种方法中角的范围是学生的易错点,老师点明求解方法。

最后,提醒学生对两种方法做比较,找出两种方法的优点和缺点。基本不等式法计算较快,但是思考较深,转化较难。三角函数法容易理解,但计算较慢。同时提出本体的变式改成面积的最大值求解问题该如何解决?进一步激发学生的思考,让学生用类比的方法解题。变式让学生阐述思路,不做具体求解。

在"检"的环节,主要是让学生对本节所学知识进行总结,可以从"你学到了哪些知识?""你掌握了哪些方法?"等问题入手,来实现课堂小结。同时配备1~3个小题来进行课堂检测,初步反馈学生的学习效果,同时使学生养成按时反思总结的习惯,真正把知识内化成自己的学习。

总之,"6+1"高效课堂的教学模式,倡导自主、合作和探究的学习方式,加强学习小组建设。"6+1"高效课堂将课堂的主角从老师转变为学生,有助于学生的观察能力、思考能力、分析问题和解决问题能力的培养。课改后,我们的学生在学习过程中变得更加主动,更有学习的积极性,学生的自主探究能力、合作学习能力、创新拓展能力都有了很大的提高。相信通过不断的学习、思考和尝试,学生会更好地具备适应终身发展和社会发展必备的品格和关键能力。

在一中，与丰满的课堂相遇
——浅谈"6+1"高效课堂建设

卢娜　历史教师

在一中实施"6+1"高效课堂大背景下，对于刚刚执教不久的我来说，收获颇多。

《礼记·学记》记载："是故学然后知不足，教然后知困。知不足，然后能自反也；知困，然后能自强也。故曰：教学相长也。""6+1"高效课堂恰恰体现了教与学的交往、互动，师生双方面的相互交流、相互启发、相互沟通，而不是教师单方面的输出和学生被动地接受。最为重要的是，"6+1"高效课堂改变了过去"满堂灌""一言堂"的教学模式，学生可以大显风采真正成为课堂的主角。

在课堂的6个环节中，"导"这一环节，要求教师简要地向同学们说明新课的学习目标和需要解决的问题，以及一些注意事项。这一环节对我提出的要求是要认真研读本学科的课程标准。有人对教学工作做过一个比喻，把课程标准比作圆心，教学目标比作半径，无论我们教授哪一门课程，不论圆有多大，半径有多长，都离不开圆心，教学不依据课程标准，没有对准圆心，就难谈达标，更谈不上有效。同时也使学生学习更加有方向，目标明确，真正体现了课堂"高效"的特点。"思"的环节是学生进行独立学习的阶段，学生是学习的真正主人。学生在导学案的引领下，在教师的指导下，认真研读教材文本，独立思考、深入钻研、勾画圈点，自己解决老师提出的问题，同时，在自学过程中，还要提出疑惑，发现未知。在这一阶段，作为教师，不干涉，不打断，同时静静地观察，观察学生对学案的完成程度。这一环节是属于学生自己的，需要他们思考本节课的重要内容，给学生真正留出独立思考的时间。"议"的环节是学生互教、互动的环节。这一环节学生可以进行思想交流，可以互相帮助，共同学习，共同进步。但是在这一环节也存在一些问题，成绩好的学生一般都能积极讨论，成绩差的学生，有时处于边缘地带，做些与学习无关的事。针对这种情况，还需要各小组组长管理好本组成员。在"展"的环节，我尽量鼓励学生，支持他们，帮助他们，让他们把自己的真实想法大胆地展示出来或者说出来，并鼓励学生使用课堂激情用语。在学生展示这一环节，有时是口头展示，有时是书面展示。这一环节主要是让学生克服怕出错的恐惧心理，在学习的过程中出错是很正常的，我们可以在错误中进步。"评"的环节一般只讲解重难点知识，其他知识点让学生多读、多背、多提问。有学习就有比较，有比较就有差距，作为年轻教师的我，还有许多学习的地方。到现在我还记得，同组的一位老师，在"评"这一环节，不仅讲得通俗易懂，学生爱听，而且可以用"口若悬河"这个词来形容，没有充分的备课，换不来这样的效果，没有充分坚持、精心准备的习惯，换不来讲课时的如鱼得水。所以在工作中不要为任何事情找任何借口，认真备好每一节课。"检"的环节，需要在教师的引导下，学生对当堂所学内容进行整体回顾和自我评价，或者通过小题的形式进行检测。

可以说，一中的"6+1"高效课堂在每一环节都真正体现了"高效"这个特点。学生有目标地学习，教师及时给予反馈和帮助。教师和学生，学生和知识在丰满的课堂相遇，一起徜徉在知识的海洋里，共同进步。

必须在课堂上努力
——关于课堂"6+1"的感悟
韩孟宽　历史教师

（一）争议中的回应

1.只学习人家的

"当别人比你优秀的时候，一定要充满向别人学习的热情。"

2.差生不适合

专业教练要对业余选手有包容之心，无包容意味着不给其机会。差生在任何教学模式下都不易，在"6+1"模式下他们通过填学案、与同学交流、在班级展示把问题都暴露出来了，在老师讲解的情况下他们的问题很可能被遮掩了，问题没暴露老师是很难看出来的。原来讲授下的差生，老师认为他会，因为老师的教学目标完成了——该讲的都讲了，该强调的都强调了。

3.尖子生不适合

精英中学、长垣一中一本率很高的"清""北"年年有。一般来讲，尖子生是最不依赖老师的，因为他们自我学习能力较强，包括向课本学、向同学学、向错误学、向自己学，他们有较强的元认知能力，所以教学模式对谁都很难谈上是障碍。

4.限得太死

导，如果不限时的话，大多会啰唆些，人太难把握自己的讲话时间了，特别是领导，老师就是课堂的最大领导，PPT展示的，老师大可不必再读，除非你有特别用意。

思，可以读（如生物、政史地、语外）、填、标、练（学案中可有复习或预习性练习的），这是学习，也是一种预习。

有人质疑说，"6+1"模式下没预习了。其实预习并非一定要在课下进行；有人说，思13分钟太长了。如果把思视为在学案基础上的预习、自学，完成一节课的基本内容，恐怕13分钟是太紧张而不是太短了吧？焦虑往往是缺少掌控感的表现，13分钟里老师不说话，我们的老师是否因此变得焦虑了？

议，对议、组议；指定议+自由议；提问、核对、解疑。

兵教兵≠萝卜炖萝卜：了解信息是一回事，能够清楚表达又是另外一回事，很多内容，看一遍不一定能记住；听一遍不一定能理解；而给别人讲一次效果就不一样了。议不求"结论一致"，把想法说出来就是一种深度学习。

展，指定展+自由展；这是学生的课堂出彩点、课堂生成处、思维发散场、辐射源，展的前提是思的深入、议的充分，还有小组间的竞争；展，不求"对"与"同"，磕磕绊绊可能更真实，顺顺当当可能不是好课（展）。

展是一种影响和奉献，也是一种反馈和更正。每个学生都有表现欲，教学要满足、培养学生的表现欲，给他们展示的机会，这是推动学生学习的内在永恒动力。表达能力是学习能力的最高体现和综合反映。

有老师说，展须立即反馈，所以展、评不可分。是这样吗？学生展，其他学生补充、质疑不是反馈吗？就是反馈！如此碰撞式的反馈会使学习情境化更强，任何一道试题都可以发展为课堂的一个对话，任何一个点都可辐射成一个面。学生的反馈就是展，但老师的反馈就是评了。为什么制度设计者没让展和评合一呢？就是为了学习效果更好——场面更激烈、学生触动感更强烈、课堂更易生成新内容，就是为了限制课堂领导多讲话、乱讲话。听一节文科的公开课，学生每答教师必评（反馈）——实无必要，老师真的很难做到点评次次出彩，反而有时会曲解或误导学生。

小组加分竞争很必要，比较公开课和观摩课发现，有加分的课堂学生参与度更高；小组加分可仅用于"展"环节。

从学习过程（认知加工）的角度，学生的学习能力分为阅读能力（输入）、思考能力（加工）和表达能力（输出）三种。思：看、读、写，是包括阅读在内的学习的输入和加工过程；议，实际上是一种加工和输出过程；展，即表达——说、写——是一种学习的输出。不能输出的学习是没经检验的学习，不是一个完整的学习过程，所以议、展是必要必需的，展比议的要求更高一个层次——当众表达、接受并回应质疑。

"思、议、展时，老师该干什么？看、找！这是课堂生成的前提。"这给了老师真正观察学生学习过程、评价学习过程的一个空间和时间。比如，学生在学习过程中有什么问题，问题在解决过程中遇到了哪些困难，学习方法是否得当，问题解决的路径是否可以优化。老师不仅是学习的指导者，还应是学生学习过程的评估员，学生学习环节过渡的摆渡者，老师要不断地评估学生的理解水平与教学目标之间的差距，敏锐捕捉不同学生的认知动向。

评，是展后的评，是综合学生思、议、展后的评，是校定目标的评，是总结和提升的评。因为想得太多，要得太多，所以评不精、评不到位。

检，可以是题目，也可以是总结归纳，如知识树。

6个要素或环节都是与教学目标和任务关联的，是由教学目标和任务分解而来的，它们之间是一种学习进阶；6个要素和环节都是指向教学目标和任务的，它们之间是一脉相承的。所以，它们是分步骤但系统化的，是有边界但相关联的。"6+1"模式下的6与知识的割裂与碎片化是没有因果关系的。

"教学的过程就是学习的过程，就是研究的过程，也是倾听的过程"，"6+1"是个很好的诠释。

5.教无定法

教无定法的前提是教学有法，贵在得法；就像无招胜有招一样，听着是美、说着轻松，《笑傲江湖》中少林派方丈方证大师、武当派掌门冲虚道长，包括风清扬都可以说是绝世高手，他们都是在武功有招、有绝招的前提下成为最强者的。如果你锦囊中有10计，就有了选择的可能，就会有精彩的可能，也就能轻飘飘地吐一句：贵在得法。当然，要根据实际情况、因人（教师）而异……都不在话下了。

6.课堂容量变少了

（1）少不一定是问题。我们要从学生学的角度来评判课堂容量，而不是老师讲得多少或推送推进了多少。

（2）新高考下，要学的知识量不是多了，而是少了。现今几乎所有学科的教材都变厚了，但高中的时长和学科的课时并没有增加，课程专家为什么不担心老师们教不完呢？因为教材的知识点并没有明显增加，增加的是情境，而高考考查的是必备知识，也就是说，考查的知识量与点不是增加而是减少了。比如，2020年山东省高考历史题，其主观题所用的知识是最基本的知识，就所涉及的知识而言，甚至全部是初中所学的历史知识。所以，我们的课堂所要做的不是增加一节课的知识容量，而是在核心概念和重点知识的背景与应用等方面着力，即增加知识的延展性甚至纵向深度。

7.不利于培养和锻炼老师的基本功——讲功

教学基本功是指教师完成教学工作所必须具备的技能和技巧。如果教师不具备这些技能和技巧，教学工作将无法完成。

显然讲是教师必需的技能，甚至有人认为这是教师的第一基本功，但教师的讲对学生学习而言却不具有第一的地位，教师不讲学生也是能学习的，说得极端一点，没有教师学生也是能学习的。

"6+1"模式下对讲进行了严格的限制，我们是否可以理解为因为限制讲才能更精彩，讲要针对性更强、语言更精练，还要考虑语言的接受度。

再明确一下，讲不是每一堂的必须，而对讲进行限制却是每堂的必须。因为学习者的感受是"告诉我，我会忘记，让我参与进来，我就会学习"。

（二）模式下的个性

1. 是镣铐、太束缚

是镣铐、有束缚，课堂教学本就是有条件发生的，只是束缚的方式可能有所区别，或者说你的认识和感受有区别。

2. 没艺术、太僵化

教师的气质、班级的氛围、学生个体的差异等都影响了课的进行，教师的素养依然对课堂的成功与否起着至关重要的作用，如（思、议、展的观察特别是）对学生言论的处置、（学案和检中的）问题设置等，所以有心的教师依然可以上出自己的特质。

"6"是路径、工具，学科内容是血肉，教师、学生、适合自己班级学情的特色学案是经络，学生参与显灵气，所以"6+1"课堂依然可以彰显学科特色。

望、闻、问、切四诊法，看似简单粗陋，却能较出医者高下和患者的治愈率，"6+1"模式亦如是。

第四节　学生篇

在一中，与丰满的课堂相遇

程伊轩　高一年级学生

"燕塔巍巍，徒骇弯弯，永争第一天地宽。百舸争流，破浪扬帆，千秋大业薪火传。"何其幸运，金秋九月，与向往已久的美丽的大一中相遇，成为我曾羡慕的"一中人"。

知识的积累总是在点滴中沉淀，而后便凝聚成那一帧帧美好瞬间，等待自己去领略、去经历、去体验。一中的课堂，改变了我的学习生活，从未想过原来课堂也可以如此"高效"。

精心设计的"6+1"，每一个环节，都是知识的浪花澎湃激荡、不断汇聚的写照。

第一环节的新课导入，我们可亲可敬的老师总会以一个有趣的话题引入，勾起每一个同学的好奇心，循循善诱，循序渐进，让我们最初对新课的迷茫和无所适从都烟消云散，一切都显得那么简约而又不简单。

第二环节的思考，给了我们足够时间去思考即将学习的知识。我认为这个环节至关重要，活跃的大脑是我们课堂思考的源动力，而这也是我们集中精力的黄金时刻，正所谓机会总是留给有准备的人，我们的每一节课，都是有备而来。

第三环节的交流合作，使整个课堂的氛围空前热烈，每个同学都可以发表自己的意见，比如上个环节未思考明白的问题，抑或是自己有价值的发现。思想与思想的碰撞，让我们融会贯通，使课堂变得生机勃勃。

学习不是一花独放，孤芳自赏。接下来，便是第四环节展示成果，对此我始终相信参与者获益最大，我们自己就是最绚烂的花朵。

我们与课堂共舞，当我们的表演暂告一个段落，老师独舞，压轴出场。这是课堂的"点睛之笔"。第五环节点评，聆听老师对知识的点拨和对我们的赞许，不禁扬起嘴角微微一笑，那是收获知识后的满足，老师的点评让我们知道了自己的不足之处，对知识的理解愈加深刻。

课堂接近尾声，第六环节当堂检测，牛刀小试，了解考试题型，厘清答题思路，也是对丰满课堂的落实。一节课转瞬即逝，仍觉意犹未尽。

一中的优秀来自于勤奋，也来自不断地创新。感谢与一中相遇美好，我们都有春花秋月的渴望和徒步川藏的遐想，"业精于勤，荒于嬉，行成于思，毁于随"，希望我们有一分热，发一分光，别在该奋斗的年纪选择安逸。珍惜当下，珍惜丰满的一中课堂。

一中"非常6+1"

吕志轩　高一年级学生

莘县一中，作为莘县的第一学府，在我还是孩童时便心向往之。自从我就读于一中以来，身边的朋友经常问我一些关于一中的问题：生活起居、学习环境……有一天，有人突然问我："你们一中的特色是什么？"我愣了一下，低头摸了摸下巴说："6+1高效课堂！"

说到"6+1"，你可能会想到几年前的那档"非常6+1"节目，或者是南孚电池一节更比六节强，又或者是大今野买六袋送一袋，但这些统统不是。我要说的"6+1"是一中的重磅戏，制胜的秘密武器——"6+1高效课堂"。

走进一中的校门，经过春意盎然的莘元广场，走向致远楼，早晨你会听见学子们琅琅的读书声，走近教室，透过窗户看去，每一个人都在大声地读书，他们精神抖擞，他们斗志昂扬，他们要把知识刻进大脑，他们要喊走身上的惰性，喊出一天的精神蓬勃，于是他们发狠了，忘情了，陶醉了，他们全身心沉浸在这短暂而宝贵的早读时光中。这就是我们的"高效晨读"，语文与英语的敌后战场。

早读过后，经过了短暂的休息，随着上课铃的响起，紧张而又充实的一天就要开始了。老师迈着稳健而有力的步伐走进教室，望着讲台下充满朝气和求知欲的同学们，宣布上课，师生互致问候，声音响亮又干脆，为高效的课堂开了一个好头。

首先是"导"的环节，老师带领同学们回顾之前学过的知识，一步步将我们引入今天要学习的内容上，明确这节课需要解决的问题。同学们找到了这节课的"靶向目标"。紧接着就是"思"的环节，"思"也是最重要的一个环节。同学们拿出课前预习的导学案，在课本与导学案之间认真研读思考，他们在攻坚，在拼搏，在实现思维的跳跃。但是个人的能力毕竟是有限的，需要依靠集体的力量。接下来就是"议"的环节，每个学习小组都被老师安排解决不同的问题，小组里的每一个人又负责解释不同的知识点，这样一来，每个人都能参与到课堂当中来。"众人拾柴火焰高"，原来一个人解决不了的问题在这紧张而又激烈的讨论中解决了，每个人的智慧汇聚到一起也就汇聚成了知识的海洋。最令人期待的环节到了！该同学们大显风采了！他们轮流将自己的讨论成果展示给同学们，好像在炫耀自己的战利品一样，毫不吝啬地分享给同学们，所有的智慧成果聚集到一起，也就解决了今天大部分的任务，这便是最生动的"展"的环节。然后老师将今天的知识进行整体归纳和总结，讲解疑难点，将同学们经过思考和讨论后仍然没能解决的问题讲解清楚，这便是"评"的环节。最后3分钟是课堂检测环节，当堂检测我们对本节课知识点的把握情况，根据检测结果扫出自己的知识盲区，留到课下解决。一节节课就这样紧张而又有序地开始又结束。导、思、议、展、评、检，每一环节都落实到位，这样环环紧扣，相辅相成，成就了我们的"6+1"高效课堂。

当然，再高效的课堂也是离不开训练的，就像"6+1"中的"6"是离不开"1"的。夜晚是上帝赐给人们最好的学习时光，晚自习的"限时练"是一天当中最令人兴奋和愉悦的时刻。一张试卷，涵盖本节重要知识点，40分钟，扫出整节知识盲区，也感受到进步的喜悦，在训练中找不足，在训练中感收获。最后，自消课将答案发下，做错的题目仔细反思，研究内化，实在解决不了的再请教老师，一天的学习生活就这样条理而充实地结束了。

放学铃声响起，同学们陆陆续续回到宿舍就寝。临睡前，回忆今天所学的知识内容，在脑海中构成一张张思维导图，之后便沉浸在知识的海洋中，安然入睡了……

"6+1"大于7

张丽飞　高一年级

"假舆马者，非利足也，而致千里；假舟楫者，非能水也，而绝江河。君子生非异也，善假于物也。"对于我们学生而言，好的学习方法能够帮助我们止于终点，绝于彼岸，终能成为那匹千里奔驰的骏马，那艘乘风破浪的航船。而"6+1"高效课堂对于我们来说则是那新发于硎的利刃，斩疑难于课堂之中，拨开重重迷雾，云开雾散见青天。

"6+1"高效课堂是我们一中为应对高考新形势而实施的科学学习模式，课上分为"导、思、议、展、评、检"6个环节，加上课下的"限时练习"组成"6+1"。在"6+1"高效课堂改革中，我受益匪浅，也感慨万分，这"6+1"可真是优势多多。

"师傅领进门，修行靠个人。"入门的第一步需要师傅引领，"6+1"的第一步便是老师引导，在短短几分钟内，老师便用寥寥数语引发了同学们对知识的无限好奇，带领学生们踏上探索求知的道路，走向知识的彼岸。师傅领进门后，修行则靠自己了。"6+1"的第二个环节"思"，留了充足的时间让学生们独立思考，学生们由知识的"被动接受"化为"主动参与"，大大提高了课堂效率。

"三个臭皮匠，顶个诸葛亮。"小小的俗语中蕴含着大大的道理。只有与他人合作，才能完成许多以一己之力所不及的事情，"一个人走，也许会走得更快，而一群人走，才能走得更远。"经过个人的思考后，"讨论环节"让大家思维碰撞，提炼其中的精华，了解到自己意料之外的知识。这不仅成就了自我，也丰富了大伙儿。"议""展"两步，由小组到班级，真正把"团结合作，永争第一"的精神展现得淋漓尽致。

"金口一张，玉言一出，便胜却同窗无数。"教师们接下来对知识的梳理、对疑难的讲解，令我们茅塞顿开，对知识有了更深入的理解，同时也为我们树立了学习的榜样。如果不是博览群书，怎么能够出口成章，信手拈来？老师给予我们前进的动力，让我们在前往梦想的路上更加坚定，在知识的海洋中更自由地翱翔。

"疾风知劲草，路遥知马力。"努力只有通过检验才能知成果，原石只有经过切割才能露玉泽。老师的检验，自己的练习，千锤百炼，终成就自我。

"6+1"，必将远远大于7。

勇敢弃"桩"，摆脱束缚

韩玉萱　高二年级学生

对满清统治者来说，"天朝上国"就是一根木桩，不愿前进，又不得不承认国力的衰落，死守着过去的那点骄傲；对20世纪的英国来说，工业技术领先就是一根木桩，拴住了国家的命运，不愿意转型升级；对于现代教学模式来说，"填鸭式"就是一根木桩，束缚了学生的思维，使学生不愿积极去发现问题。

2019年9月，莘县第一中学选择了"弃桩"，摒弃了"填鸭式"的教学模式，实施"6+1"高效课堂改革。这是一中建校以来的一次壮举，影响巨大而深远。作为莘县第一中学的一名学子，这次改革使我获益匪浅。

"产生兴趣"是我收获的第一课。卢梭曾经说过："问题不在于教给孩子各种学问，而在于培养他有爱好学习的兴趣。""思"是"6+1"高效课堂的重要环节。在这一环节中，同学们独立思考，发现问题。这就激发了我们主动寻找解决问题的办法的兴趣，兴趣是最好的老师，是激发学生学习积极性的动力。只有对学习产生兴趣，才能把它学好。这打破了以往学生被动学习的局面，同学们只有带着"好奇心"和"求知欲"，才能在学业方面有更深的造诣，我们弃掉了"被动学习"这根桩。

"沟通交流"是我收获的第二课。列夫·托尔斯泰曾说："与人交谈一次，往往比多年闭门劳作更能启发心智。思想必定是在与人的交往中产生，而在孤独中进行加工和表达。""议"是"6+1"高效课堂的环节之一，在这一过程中，通过沟通与交流来分享自己的收获，这不仅对他人是一种帮助，对自己也是一种提高。通过与同学讨论来发现问题、解决问题，可以发散我们的思维，使我们不再拘泥于老师所讲的有限的知识。沟通与交流也让我们学会了尊重他人，倾听他人的想法，在此过程中，我们也能换一种思路来思考问题，我们弃掉了"孤军奋战"这根桩。

"展现自我"是我收获的第三课。曾宪梓曾说："永远以积极乐观的心态去拓展自己和身外的世界。""展"是"6+1"高效课堂的环节之一，是同学们对"思"后问题的展示，在这一环节中，同学们积极展示自己的想法，改变了以往一提问就低头、仿佛世界都与我无关的消极课堂氛围。大胆展示自己的想法，不仅磨炼了自己的内心素质，还能在脑海中深深地烙下知识的印记，我们弃掉了"默默无闻"这根桩。

台阶是一层一层筑起的，目下现实是未来理想的基础。让我们一起努力拔掉这一根根桩，仰望星空，心怀梦想，脚踏实地，铸造辉煌！

学习如棋，局局新

武诗雅　高一年级学生

老师讲，"复盘"是一种术语，通常用于项目或活动结束后，对已经进行的项目展开回顾，对经验和教训进行总结。经常用于围棋、股市等活动中；学习中，课堂上借用来，别开生面。

复盘课，给我带来了清晰的思路，对已学课程做一盘点，搜寻疏缺，以期补漏，在头脑中形成知识体系，如同围棋，整盘考虑。

孔子说过："温故而知新，可以为师矣。"一天学习结束后在晚上的自消课上静下心来对白天来不及多思考、来不及总结的知识进行系统的梳理、反思，明确哪些知识点想要逃脱，利用知识树盘点一下，骨干在哪儿，枝丫在哪儿，有何联系，怎么联系？产生这些情况的原因是什么？有没有知识点上的创新，使知识系统逐渐形成，并有可能完美突破。

知识就像货品，学过之后将其储存在仓库，每盘点一次，就能够对知识有更清晰的认知；也像围棋，在对局完毕，复演该盘棋的记录，以检查对局中招法的优劣与得失关键。下围棋的高手都有复盘的习惯。复盘就是每次博弈结束以后，双方棋手把刚才的对局再重复一遍，这样可以有效地加深对这盘对弈的印象，也可以找出双方攻守的漏洞，是提高自己水平的好方法。

很多同学在听课后，虽然百分之八九十的知识点经过老师一讲马上就能听懂、理解，但课后实践时，总感到不系统、不清晰，想要真正地掌握这些知识，我们需要通过课下的复盘来消化和吸收。

所谓课后复盘法，就是我们刚听完老师讲课之后，利用下课的10分钟来消化和吸收刚刚讲过的知识，因为老师刚讲完，所以对知识的理解和记忆都达到了巅峰状态，此时我们只要稍加复习巩固，就能牢牢地记住所学知识。

不仅有课后复盘，我们还有每周的章节复盘。

学完章节后，我们要对整个章节进行知识复盘。无论哪门学科哪个章节都有一个系统的知识体系，我们可以找出它们的共同之处，采用联系记忆法，利用思维导图把这些零碎的知识串起来，方便我们记忆。

"年光似鸟翩翩过，世事如棋局局新。"时光飞逝好像飞鸟掠过，世事变化就像下棋一样局局翻新。学习亦如是。

本学期，按照老师的要求，我认真参悟，积极参与，正在积极进步中，也期盼自己利用这些科学的方法成为真正的学习高手。

开展复盘课，学习不打折

邹亚男　高一年级学生

紧张的高中生活，巨大的学习压力，每个人都拼尽全力，你追我赶，生怕一不留神就被别人超越。然而，即使你天资聪颖，勤奋刻苦，如果不经常回顾，记忆也会逐渐流失，当初的学习也就成了无用功。因此，经常复习巩固，学习才能不打折扣，开展复盘课势在必行。

　　我们学校每周都开展复盘课，复盘课不仅能帮优等生回顾总结、夯实基础，更能为学习能力差的同学提供一个查缺补漏、巩固提高的机会，在课堂上复盘也为同学们提供了一个展示自己的机会。

　　复盘课上优等生乘胜追击，巩固完善自己。优等生基础较稳固，学习较扎实，趁着复盘课可以更好地形成知识体系。对已经学过的知识进行复盘总结，使那些零散的知识点通过复盘得以整理。然后运用这些系统的知识点，进行巩固练习，把知识学透彻、学精。定期复盘，减少知识的遗忘，之后复习也会更加轻松，如鱼得水。复盘让优等生更加明确重点、难点，攻破知识上的难关，精益求精。

　　复盘课上后进生查缺补漏，解决学习过程中的疑难点。对于后进生来说，学习其他同学的解题方法，能够拓展思维，为自己谋求最大限度的进步。复盘课是一个相对低压的学习环境，它不像严肃的课堂，随时随地都有难点，有时难以迈过，徘徊不前。复盘课是一个相对轻松的环境，同学之间相互交流，能更加轻松愉悦地学习。所以，后进生都渴望在复盘课上抓住最后一次弥补平时知识的疏漏机会，奋力追赶，减小差距，寻求学习上的优越感，感受遨游在知识海洋的欢快、喜悦。增强后进生的自信心和对学习的兴趣，使后进生也能用最大的热情、最好的状态去迎接学习中的困难和挑战。

　　复盘课上同学们踊跃发言，展示自己。同学们做各科的知识整理和思维导图，主动展示自己的学习成果，展现百花齐放的思想盛宴。在轻松、快乐的学习过程中，同学们充分展示自己，在潜移默化中提高自己的表达能力和语言组织能力，不仅学会了知识，也使同学们更加自信，复盘课真正践行了莘县一中提倡的做有志气、有正气、有朝气、有才气的青年人的目标，养成自信、勤学、好问、慎思、笃行的学风，奋力拼搏造就完美的自己。

　　复盘课，让学习成为一个享受快乐的过程，不仅让学习不打折扣，也让我更加坚信我的大学不是梦。

导图为网，助我学海"捕鱼"

张翊萱　高一年级学生

"又学新课了啊？我之前的知识点还不会呢……"身后传来同学的抱怨声。何至于此？诚然，一些科目的知识点看似杂乱无章，但编者毕竟是有心把它们按一定逻辑编排在一起的。那么，该怎样抓好这条逻辑辅助线，理解并掌握这些知识点呢？《劝学》中就有答案："君子生非异也，善假于物也。"若想使自己达到游刃有余的境地，思维导图可谓一件必不可少的"法宝"。

思维导图，顾名思义，最大的作用就是引导思维。它在学习上的用途范围很广，不仅可以用在化学、生物等偏理性的科目上，把看似散乱的知识点连成线、织成网，把抽象的逻辑联系化为有形的线条，还可以用于梳理语文阅读理解行文脉络。用在作文上，使文章的结构有条不紊，便于理解，行文清晰。可见，一幅优秀的思维导图，往往使人受益匪浅。

那么，怎样才能制作出所谓"优秀"的思维导图呢？其实，我们当中大多数同学对思维导图形式的认识或多或少有些偏差。在开学那天的复盘课上，我班各组同学纷纷展示并讲解绘制好的思维导图，在聆听同学们精彩的发言时，我发现了一些小问题：有不少同学将思维导图做成了竖直的单排列表，还有些同学直接把思维导图"装进了"表格里。思维导图的"导"，就体现在从宏观到微观、从粗略到精细、从主干到梢末、从表面到深层的层次递进感，而这种层次递进感在那些单是并列的、平铺的元素（即"中药铺"）中是体现不出来的。有了这种层次递进感，思维才会乖乖地被导图牵着走，循序渐进。

说到有层次感的思维导图，下面我就为大家介绍一些常用的思维导图形式：流程图、树状图、鱼骨状图、网状图、框架图。这些形式也都大同小异，都能够起到"导"的作用。流程图是最常见也是最正式的一种导图，一般用于生物学科涉及变化过程的问题和语文小说类文本的情节发展；树状图则是最直观的导图，这类导图就像一棵树，树的主干是主题，树枝是主题的分类，树杈是再分类……这样树干与树枝之间存在递进关系，由大体逐步到精细；鱼骨状图与树状图相似，不过更富有艺术效果；网状图则是我最喜欢、最常用的思维导图：我往往先在画纸的中心作一个不大不小的椭圆当作"绳结"，在里面注上主题，再从"绳结"依次向四周引几条较粗的"麻绳"当作主题的几个大分支，最后从每一条"麻绳"的末端再引几条"细绳"作为更小的分支。网状图从中心出发，却往往能占满整张画纸，给人的观感既协调又成就满满。而框架图应该是我们同学最拿手的导图了，平时我们写语文作文列提纲就常常用到它。综合以上几种形式，在适合的时机使用适合的绘制技巧，就不愁思维会甩脱原先苦心准备的"绳索"了。

说到底，思维导图是一种学习工具，我们一定要学会正确运用它。其实正如网状图一样，它就像一张疏而不漏的网，我们若踏踏实实去使用它，就会网到小鱼大鱼，网到累累硕果，助我们赴越学海，披荆斩棘，乘风破浪，使困难迎刃而解。

知识重组升级记

郝晓婷　高一年级学生

尼采曾说："没有可怕的深度，就没有美丽的水面。"我认为知识也是这样的，当它换了"新皮肤"的时候，我们还认不认识？所以我们对于所学的知识是要不断升级的。

我校课堂改革不仅实施"6+1"高效课堂，还有一系列巩固提高高效课堂的配套措施。我将其称为"三连杀"：限时练、思维导图、复盘课。我依据自己的理解，来讲述一下知识是如何重组升级的。

1.限时练助我能力无限

我始终认为限时练是非常重要的。我们经常会说"上课一听就会，做题一做就蒙"，限时练可以助我们更好地掌握知识，知识最重要的就是应用；同时限时练中偶尔穿插选做题，这样有助于部分同学的拔高；"限时"，顾名思义，就是有规定的时间，而老师也常常提到"把平常高考化，把高考平常化"，这也是缓解我们面对大型考试时容易心情紧张、思维混乱的有效方法。

2.思维导图助我思维辐射

思维导图几乎是我们必备的大周作业，老师们会常常附赠一句"好好画，为下周开学的复盘课做准备"。的确，思维导图是我们上复盘课的必备自画资料。当你把你脑中的知识从一个中心点开始往四周发散时，你会发现知识是可以以"一根隐藏的线串联起来的"。例如，我们以"中国共产党的领导"为中心点，我们会首先发出三条线——"为什么，是什么，怎么做"，我们以"为什么"为总领，又会分出"党的性质，根本立场，根本宗旨，与人民的关系"等旁支，我们甚至可以和历史中学到的"近代中国共产党的领导"串联起来，所以说思维是可以无限联结的。

3.复盘课助我扫除盲点

既有了"万事俱备"，那么只差"东风"了。复盘课一般都由老师领导我们展示，在这个环节中，我们又会按照我校的特色——"6+1"高效课堂模式进行。课堂中贯行了——导、思、议、展、评、检，在这个过程中，我们又会接受不止一遍知识的重新"洗礼"，换言之，可以称为"扫盲与巩固"。在诸多知识的反复练习中，我们也许会心生烦躁，但孔子曰"吾日三省吾身"，经过了这"三连杀"我们对知识掌握得更加牢固，运用得更加纯熟。

当我们对知识的反复巩固感到枯燥时，请记住"太阳，它每时每刻都是夕阳也是旭日，当它熄灭着走下山去收尽苍凉之际，正是它在另一边燃烧爬上山巅布散朝晖之时"。所以，你对知识的每一遍巩固，都会在脑海中留下一些印记。

第五章

"6+1"高效课堂初见成效

"6+1"高效课堂从根本上改变了传统教和学的方式，更加关注学生的全面发展，学生成为课堂的主人。基于核心素养设计学习目标，围绕学习目标整合课程资源，实施问题化、精细化教学，创新课堂评价，学生发展核心素养在课堂上真正落地，取得了以下四方面成果。

一、转变教学观念，确立"以学习为中心"的基本理念

新型教学关系构建的基础是教学观念的转变，也是转变师生关系的第一步。从孔子的"因材施教"理论到现代建构主义等教学理论都指出，学是教的原点，是教学的中心，因学而教，教服从学。2001年，我国新课程改革的纲领性文件——《基础教育课程改革纲要（试行）》中明确指出："改变课程实施过于强调接受学习、死记硬背、机械训练的现状，倡导学生主动参与、乐于探究、勤于动手，培养学生搜集和处理信息的能力、获取新知识的能力、分析和解决问题的能力以及交流与合作的能力。"这表明我国的课程改革方向正式从以教师为中心的讲授课堂教学转变为以学习为中心的课堂教学。2010年，教育部颁布了《国家中长期教育改革和发展规划纲要（2010—2020年）》，该纲要的总体工作方针是："优先发展、育人为本、改革创新、促进公平和提高质量"，再一次强调了"以人为本"的教育理念，而要实现以人为本的教育，教学是其中一个关键环节。

学校的课堂改革，较好地实现了教学理念的转变，主要表现为：

第一，归还学生的主体地位。教师首先转变传统的教学观念，教学是培养学生主体性的创造活动，是引导学生从原有的知识经验中生长出新的知识经验的过程，教师应是学生主动建构意义的促进者、合作者和指导者。在教学过程中，教师逐渐舍弃"满堂灌"，践行以学生小组合作学习为基础的"思学""议学""展学"的新型课堂教学策略，充分发挥学生的主体性。

第二，关注学生身心发展的规律和特点。学校从教学目标制定、教学情境创

设、教学内容呈现、教学方法选择、教学评价等方面，充分考虑学生的身心发展特点和规律，通过最近发展区教学，使学生在学习中充分发挥自己的潜能。

第三，关注学生的深度学习与多元评价。遵循自主、合作、探究三个基本原则，力求能够唤醒学生旧知、驱动学生获得新知去解决问题和发展思维，鼓励和引导学生进行高阶思维和主动探索，同时及时反馈评价，正向激励，为学生的学习提供必要的帮助。

二、转变教学方式，构建促进核心素养生成的课堂教学模式

在课堂教学中，确立了"导、思、议、展、评、检"课堂"六要素"，建构了"生本、求真、灵动、创新"的课堂原则，促进学生形成核心素养。

1. 导——确立有效的教学目标

教学目标是教学活动的出发点和落脚点，解决"去哪里"或"干什么"的问题，因此，制订精准、有效、可操作的目标十分重要。"导"，包括"导入"和"导学"两个方面。导入，上课铃一响，教师用简洁明快的语言借助一定的媒介，如图片、视频等，实现旧知向新知的导入，激发学生学习新知的兴趣。导入之后，便是导学，教师简要地向同学们说明新课的学习内容、学习目标和需要解决的问题，以及一些注意事项。导入解决"去哪里"，根据布鲁姆教育目标分类理论结合高中教学实际，我校统一对课时目标进行分级（学习理解、实践应用和迁移创新），教师依据学情现状，按照学生的最近发展区设立符合课程目标要求的具有可操作性的教学目标。精准的教学目标有效推动了课堂的有效性、学生发展的方向性，为教学评价提供了明确的指标。导学解决"干什么"，教师创设情境，以时政新闻、史料史证、科技发现、生活生产实践等情境材料，提炼出具体的思考性问题，实现从旧知到新知的导入，激发学生的兴趣，明确要学习的内容。

2. 思——保证独立的自主学习

在思环节，由教师提前设计学案导学任务单，供学生独立学习，以培养学生积极的学习态度，掌握有效的学习方法，能够自主学习、独立思考。学生

依照学案自主学习，认真看书，研读教材文本，独立思考，深入钻研，勾画圈点，包括默读、朗读、动笔圈画、基础性练习等学习行为，独立解决老师提出的问题；同时，在自学过程中，提出疑惑，发现未知。"学案导学"坚持以生为本、以学为主、项目推进、以学定教。陶行知曾说"教是为了不教"，"以生为本、以学为主"是指教学的最终目的是学，没有学生有效的学习，即使教师教得再精彩，也不是高效课堂。在教师未教之前，学生先行学习，可以培养学生学习的主动性、独立性，能促进学生进一步探究问题，也能使学生产生独特的学习体验，还能培养学生的学习兴趣。"项目推进，以学定教"是指把教学内容按照知识的建构过程分成几个项目，按照"层次化、阶梯化"引导学生逐步走向深入，通过结构化课程内容，让学生重点学习结构化知识，并在内化的基础上迁移运用，让学习真正发生，让学生建构自己的知识体系。此过程中，教师巡视观察，记好学生的困惑，了解学生自学的情况，端正学生的自学态度。

3.议——实现合作的深度学习

遵循学生发展规律，通过了解学生学习的优势，教师采取组间同质、组内异质的分组方式，优化学生的学习体验，促使不同学习风格、不同思维水平的学生在小组中以适合自己的方式进行学习并呈现学习结果。教师通过"任务驱动"，营造良好的学习氛围，让学生有安全感，意识到自己是学习共同体中的重要一员，让每一个学生都能在小组合作学习过程中发挥自己的学习优势，注重学生学习过程中的互动与对话、体验与参与、合作与探究等，培养合作意识，形成良好的学习习惯，努力完成学习任务。在教师引导下，学生进行合作学习，充分利用学习活动单对教学内容进行深入探讨，合作议学，要求同桌之间先对议，然后学习小组再组议，印证学习内容、交流学习疑惑，讨论教师投影出的重难点内容或题目，明确学习中的收获，教师巡视发现有争议的焦点以便于下一阶段的点拨和材料的准备。

4.展——凸显可视的学习体验

以小组为单位将所有学习成果进行汇报，全体学生从中探究发现，寻求规律。激情展学，小组展示重难点，或口头表述，或板演步骤，教师激励、鼓励学生质疑、挑战、纠错、补充。对于展示者来说，以丰富的学习结果或多样化的表现形式来诠释学习的收获感悟和个人成长；对于观察者来说，学生在倾听中捕捉信息并深度加工，若信息判断失败可提出反驳质疑，若信息判断成功可进行补充完善；对于教师来说，在学生疑惑处、争议处、偏离主问题处、思维定式干扰处、闪光点被忽略处等关键节点进行介入与追问，从而使学生实现在教师引导下的再创造。在激情展学中，锻炼了学生的表达能力和沟通能力，学生之间的思维碰撞使知识增值，解决了班级授课制中教师和学生一对多及因材施教的矛盾，同时促使不同学习水平的学生的知识理解的程度进一步深化。

5.评——形成系统的知识体系

韩愈道，"师者，传道授业解惑也"，师生评学这一环节，教师对学习内容进行梳理、归纳、总结，使知识或能力实现从琐碎到系统、从直观到抽象、从个体或小组到全体的转变，是目标达成的内化梳理完善的过程。基于课堂前期教师通过观察、巡视、展学发展出"以学定教"，然后进行"解惑"，即教师着重讲"是什么"背后的"为什么"和"应如何"，把教学重心放在深化学生对主题的认知上，教师引导学生总结规律和归纳方法，强调易混点，系统梳理知识网络，以使学生形成结构化的知识体系，便于学生内化。

6.检——得到即时的学习反馈

达标检学，对学习效果的初步诊断检测，一方面达到实践应用，另一方面做出精准反馈，使学生找到需要强化或努力的方向。在老师的引导下，学生对当堂课所学内容进行整体回顾、反刍内化和自我评价，最后再由教师对当堂所学内容进行抽查提问，或通过小题的形式进行检测。

整个学习过程学生是学习的主角，不再是被动地听、记，注重学生过程性体验，注重学生全员参与，关注学生的态度、情感、能力、责任心、合作精神，教师是学习活动的组织者、引导者、评价者，不再满堂灌，同时营造了宽松、和谐、开放的师生关系。

三、转变评价方法，实施多主体、多维度的综合性评价

加德纳指出："评价的目的不是给学生排序、贴标签，而是要通过评价为学生今后的发展提供建议，从而促进他们的发展。"2020年教育部颁布的《深化新时代教育评价改革总体方案》指出，新时代教育评价要突出评价的育人功能，即充分发挥评价的激发、导向、调控等功能，评价不仅要关注学生的学业成绩，而且要发现和发展学生多方面潜能，改进结果评价、强化过程评价、探索增值评价、健全综合评价。在新型教学关系课堂构建实践中，莘县第一中学在学生评价上采取多主体、多维度的综合性评价，积极落实以评促发展。

1.在合作学习中采用过程性评价

在学习共同体建设中，以学习小组为单位，组内设组长总协调员、记分员、纪律管理员、发言员，人人承担一份责任，角色定期轮换。人人都要发言，每个成员都积极学习，在交流中互相帮助、互相学习，在平等参与中建立自信，每一个学生都快乐成长。小组评价内容由合作、交流、表述、倾听、互助、进步六部分组成，充分关注学生的整体表现，每项表现都要量化计分，积分评价。如表述要求：能够用学科语言准确表述自己的见解，要有理有据，有条有理，言简意赅，别人如有异议要耐心解释，多位同学争先发言，要学会谦让。

2.在评价主体中实行多元化评价

李希贵校长曾说过"学校是寻找同伴的地方"，哈蒂研究影响学业成绩的146个因素中自我效能感影响成绩最大，即"学生感知到老师对他的态度"。因此，我校重视充分评价主体的多元化，即"自我、同伴、教师"多元评价，一方面，有效降低了由于评价主体单一造成的信息失真等误差问题，另一方面在情感上给予学生充分的关怀，因为学生的学习是有意志的、有意图的、积极的、自觉的、建构的实践，所以，同伴、老师给予的评价、激励甚至批评劝诫是至关重要的。

3.在评价结果中实施发展性评价

要使学生获得最大化收益，评价需要聚焦学生的发展，即指向学生核心

素养的形成。核心素养是在特定情境中的知识、能力和态度的综合性表现，只有通过合适的情境才有利于学生感悟、理解、形成和发展核心素养。核心素养的形成，主要不取决于学生学习了什么知识，而取决于学生是如何学习知识的。因而，我校正逐步建立以个案为基本特征的学生个体全学习过程的数据库，实施"一生一案一策"，充分发挥评价的导向和激励功能，使评价成为学生发展的指挥棒，提升学生的合作意识、合作能力与合作精神，使学生及时了解自己的进步和不足，从而学会合作、学会学习。

四、转变管理方式，形成"教、学、研、评"一体化

管理是第一生产力，教学也不例外，为推动"6+1"高效课堂的顺利实施，学校转变管理方式，将学校领导分包到年级，分包具体学科和具体班级，实行捆绑式评价，所有领导从集体备课、研学、听课、评课等全程跟踪，形成"教、学、研、评"一体化。

高效课堂改革是一个系统工程，不仅涉及课堂，还涉及师生管理，包括集备制度、自习要求、学生组织、小组职责、教师考核等。调整了时间表和课程表，以利于集备的落实；调整教案设计、导学案制作、限时练要求、观课量表等，以完备"6+1"高效课堂的工具；修订了教师考核细则与绩效考核制度；细化了学生管理，用小组量化积分和描述性发展评价调动学生的积极性。同时围绕课堂改革，成立校级督导组，中层以上领导全部走进课堂，对集备、研学、听课全方位跟踪督导。成立教学质量常规检查组，每天检查，每周汇总，每月通报等，推动了学校的制度建设和精细化管理。

1.集体备课研学制度

"6+1"高效课堂，功夫在课前，关键是备课。对于每一节课，都需经过分头独立初备、集体备课和个人复备三个工序，是为"三备"；每一节课的集体备课分两次进行，是为"两研"。"三备两研"是"6+1"高效课堂的前期准备，也是课堂高效的保证。"三备"是指：个人初备要求每一位教师对每一节课的教学均需提前数天进行独立初备，独立初备时要认真钻研教材，学习课

标和考试大纲，分析学情，并在这些基础上写出初备手稿；集体备课要求以年级备课组为单位进行，每天在规定的时间和地点进行；个人复备是指根据集备的情况，对自己的导学案进行个性化修改和进一步创新、完善，使其更符合自己班级的学情。"两研"是指：一是研讨课件、学案；二是研讨限时练。

2.限时练制度

第一，辅导课分开安排，保证每节课每个班都有教师"在场"。

第二，限时练的设计，需要包含错题滚动、回顾旧知、本节训练。

第三，教师批阅要保质保量保时，第二天在教室门口悬挂成绩，并注明表扬名单以及重点知识讲解等各类内容，对错误比较典型的学生或者得分太低的学生，需要进行面批、面谈。

3.赛课制度

为强化教学模式的固化成型，开展各个层面的以"6+1"高效课堂为主题的说课、赛课、教学设计大赛、优秀教案比赛、导学案制作比赛等活动，通过表彰涌现出的教改名师，促进我校教学模式落实。

4.复盘课制度

复盘，本是围棋术语，也称"复局"，是指对局完毕，复演该盘棋的记录，以检查对局中招法的优劣与得失关键。这样可以有效地加深对这盘对弈的印象，也可以找出双方攻守的漏洞，是提高自己水平的好方法。我校开展复盘课，就是让学生将一段时期内（一般是一周）学过的知识进行回顾、整理，然后通过一定方式给其他学生展示，复盘课开展的形式可以多种多样，如画思维导图、列知识清单、画智慧树等。教师把所学内容分配到各个小组，热情高涨的同学们精益求精地做归纳、选错题、找重点、总结方法规律、提出疑惑、自己制作课件展示，有的同学甚至用动漫的方式将重难点串联在一起，兴致勃勃地跟同学们分享。复盘课对于学生而言意义重大，可以激发学生的学习内动力、提高学生学习兴趣，最重要的是通过这种方式，可以将学过的知识重现、将课本理论知识内化为学生自己的知识。

附录

"6+1"高效课堂推进讲话稿

"6+1"高效课堂有了一个良好的开端

2019年9月8日全校教工会议

课堂"6+1"是我们学校的核心工作，9月2日起我们正式实施，已经运行一周了。

根据这一周的运行情况，围绕这一核心工作，周五（9月6日）上午9：30~12：20校委员召开会议进行了交流和基本评估，下午4：10—6：40召开中层干部会，所有中层干部逐一汇报自己听集备和听课的情况PPT，周六（9月7日）下午3：00~5：30召开级部主任碰头会，根据各层面的反馈，进一步研究课堂"6+1"的具体实施和措施。

我们的总体评估是：全体教师和干部都在围绕核心开展工作，这体现了我们一中教师高执行力、强学习力，体现了我们一中教师的大局意识、服务意识，心中有学校的工作大局，心中有服务学生成长的职业操守。

总的来说，在本学年的核心工作——课堂"6+1"上，我们有了一个良好的开端，虽然我们也有困难、有疑惑、有抱怨，但我们都在行动，都在向标准靠拢，甚至出现了一批比较标准的"6+1"课堂，比如，邹丽平、潘丽英、连艳峰、王春娥、林民庆、杨丽静、翟佩佩、马兰胜、沈子勇、苏静、蒋保社、陈玉利、陈磊、朱素娟、田昌喜、谢丽丽、张巧芬、李思然、赵恩宽、王慧敏、史淑娟、杨立峰、王晓云、段磊、吴保旺、袁际勇、陈志勇、王志媛、邵翠华、陈兰菊、孙福环、潘晓峰、程爱芬、陈玉利、尹海霞等老师。

集备，老师们落实得也比较好，比如，高一生物组、高一化学组等，老师具体表现为：老师们都进行了初备，都有初备手稿PPT；集备组织时间很紧张，特别是第二节有课的老师，上完课就赶往集备室，甚至都来不及去卫生间，但是老师到位很准时，几乎没出现迟到情况；集备的纪律也比较好，开始时直奔主题，没有寒暄，没有过渡，过程中也没有闲扯，没有偏离主题，更没有开小会或玩手机的情况，大家都把集备当成备课的过程、相互学习的过程；

集备围绕课堂"6+1"的环节逐一进行。

关于集备，还有几点需要提醒，一是组长要组织好，有些组集备开始得稍慢一点，出现跑题的情况，组长要及时提醒；二是年轻教师要主动提出自己的困惑点，要主动、积极；三是我们的逐环节备课要加强实战性，不是简单了事，比如评，不是一句带过，而是评什么、怎样评、为什么这样评，如同写详案一样，如此才能使评更有效、更精到、不超时。集备要备每个环节怎样保证按时间完成，怎样不变形、不变通，可能变形的点在哪些地方，怎样避免。

河南长垣一中和石家庄精英中学把集备当作课堂"6+1"的三大保证之一，一是严格的集备，二是激情展示，三是精选习题PPT。但课堂"6+1"工作进行过程中也存在一些问题或困惑。

下面围绕"6+1"的6个环节，我们加以解读和明确。

导，包括导入、导学。目的有三个，一是实现从旧知到新知的导入，二是明确要学习的内容，三是激发学生的兴趣。这个环节和我们以往的课堂没多大区别。如果说有一点区别的话，就是没有了故弄玄虚的导入、没用的花哨的导入、没时间观念的长导入。在这个环节，教师可以有很大的自主空间，比如教师通过投影或学案，展示课题和学习目标，学生读一遍，此环节不过1分钟，其余4分钟我们可以用在限时练个别题目的处理上，或上节内容的复习上。总之，这5分钟的环节我们是要见实效的。无论是温故知新，还是明确学习目标。需要提醒的是，教师在处理限时练、复习上节内容时不能超过5分钟。

思，是指自主学习，包括阅读、出声朗读、动笔圈画甚至做基础性，常识性练习等。

在这个环节，遇有个别学生问询老师时，老师不宜解答而要用手势制止，因为后面有议的环节，同时回答也会中断其他同学的思考，因此对个别学生的疑问此阶段不宜回答，应要求学生做好标注，以备议的环节进行解决。

对于思的任务，教师可以做出必要的解释；过程中可能会出现学生进度不一样的情况，教师一方面提前做好预案，另一方面适时做出任务的调整。过程中，教师不应站在讲台上，而应走下来静悄悄地巡视，掌握学生的学习情况与进展。

议的形式和我们以前认识的有所不同，我们以前认为，没有疑难就不要交流、不要讨论。现在我们定义一下交流讨论的内容，包括四个方面：一是印证学习的内容，拿不准需要同学印证一下；二是交流学习疑惑的内容；三是强化学习中的重点内容，课堂"6+1"的优势之一就是反复强调重点内容；四是学习中的收获，把学习收获说出来就是一种再清晰、再复习。

需要提醒三点：一是要培训学生特别是组长；学会叫暂停防走偏，能及时转入下一个题目；二是要注意课堂纪律秩序，特别是对后进生要关注、提醒，教师要不停巡视，防止游离者；三是对下一环节的转换命令要干脆。

展，学生小组间的展示，是生生活动，是对议内容的顺承。展的内容主要包括：一是议的结果或成果；二（特别是）是议中出现的困惑。石家庄精英中学和长垣一中教室里都有"我展示、我补充、我质疑、我纠正"的标语，这里不是教师补充、不是教师纠正，还没到教师说话的时间。我们对学生展教师评的展评结合是否定的。但对学生的展，教师要认真听，甚至悄悄写下来，以便在评的时候增强针对性。这时教师不是点评者，是组织者。

有以下两点提醒。

其一，除了主动展外，老师也可适时用点名的方式让中差生进行展示，当然通过小组和学生个人评价催其参与更好。

其二，提醒学生不要鼓掌，当然也要制止学生的嘲笑。

评，快速强化重点、提醒易错点、构建结构与联系、总结规律方法，时间为6分钟。

检，堂清，动笔式的，可检测的。

检的两个限，本质是控制教师的讲，增强学生的主体地位。

配套措施如下：

（1）学生培训：①课堂教师要加强对学生的培训：课前2分钟的准备，

比如导环节你可能处理一些限时练的内容，学生没提前准备，效果就会很差，这个环节就很容易超时，所以要培训学生提前准备。思，要提醒迅速，可在课件上设置倒计时器，以增强学生的紧张度；对任务怎样完成也可提出方法和路径，比如要手中笔、有写的落实。议要有序，关键在组织者，所以我们要培训组长，安排发言顺序。能迅速转入下一题的讨论，有跑题的时候能及时叫暂停。展时，要对学生有鼓励，教师不能说话，可以使用犀利眼神。甚至评时可以设置这样的环节，先对学生展的主动性、回答的音量、上讲台的速度等进行点评或表扬。②班主任要加强培训：用好操合评，结合自己的课和其他教师的反映，每天在早操后对学生在课堂"6+1"各环节的表现进行点评和提醒，多表扬。同时在班级日记上设置相应板块，记录学生的表现；班级尽快制定小组及组员评价办法，各级部要尽快发现做得好的班级，我们安排时间，请做得好的班主任进行经验分享。③年级要开学生大会，给学生讲课堂"6+1"的合理性、学生怎样操作、学生怎样与教师配合、怎样做才能使学习收获最大化；也要召开学生表彰会，表彰在"6+1"各个环节中表现出色的学生。④级部适时开展问卷和座谈：主要围绕课堂、限时练和学生获得感进行。

（2）与课堂"6+1"相适应的工作津贴新办法正在讨论细节，大方向是明确的：在现有的基础上提高PPT。

（3）为减少限时练批改的等待时间，也就是为了在盯第二节限时练时，让教师进行阅卷而不是等着过卡，学校将购买最便捷的阅卷系统，本周投入使用。

（4）制订小时间表，每班要在明显位置张贴，级部要做统一安排。

（5）国庆节前后，我们将组织教师到长垣一中再学习、再取经、再印证。

在课堂"6+1"推行过程中，我们会遇这样或那样的问题，比如，有的老师担心教学进度慢完不成任务，有的教师担心难度不大尖子生"吃不饱"，也有的教师担心学生自主的时间太长中等生和后进生不会学、学不会，这些担心反映了我们强烈的责任心，它和学习反思精神是我们一中的良好传统，是我们多年能高效运行的法宝，在课堂"6+1"推行过程中我们就是要发现问题、直面问题，但问题不是我们停下来的理由，我们推进课堂"6+1"就是为了解决教学中存在的问题，这些问题只有在实践实战中才能解决。

课堂"6+1"，我们每个人都是行动者。

一中新发展，我们每个人都是亲历者。

高一年级"6+1"高效课堂反馈评估会

2019年9月15日高一年级教师会

（一）课堂

我们高一年级是接触课堂"6+1"最晚的，所以在上周日校会上，推出标准课名单时，我们年级是0个，高二年级最多，这一周在听课过程中，我们发现了几例标准课，执教者为：语文教师蒋田田、李莉、李金慧，数学教师李德志、秦庆磊，物理教师吴青慧，政治教师张广磊，地理教师李春海、吴增超，生物教师肖广举。

其他教师基本上按环节操作，即便没完全按环节进行，也明显突出了学生的主体地位，总之，与上周相比有了很大的改进。

本周，我们将安排秦庆磊、张际超、肖广举、张广磊、蒋田田的示范课，本组内必听，本周每位教师听示范课不少于2节；从下周起，我们开始人人上过关课。

（二）集备

在集备观察中，也发现了几例理想集备课：周一上午的政治组（主备人朱艳红）、周二上午的语文组（主备人闻军）、周四上午的生物组（主备人张利霞）、周四上午的化学组（主备人付存方）。集合准时、入题迅速、全体参与、无人偏题，主备人准备充分、发言人积极提建议和意见，集备有真讨论、真交流，因此也有真修改、真收获，当然，集备的实战性也很强大。

（三）限时练

限时练是课堂"6+1"的三大保障之一，这两周，由于工作刚开始，大家有些忙乱，再加上阅卷设备没有及时到位，所以年级在限时练的督促上做得不够，而高二一级部这两周做得很好，要求教师手阅并且第二天交级部检查。关于限时练，我们的设备支持先手工阅卷、再扫描计分，这样教师们在第二节限时练可以直接阅卷。我们的阅卷系统有三个：一个是我们过大小卡的旧系统；另一个是精灵卡阅卷系统，答题卷最大设置为A4，并且答题卡有相对固定的格式，目前我们自己印刷答题卡正处于试用阶段，但它的成绩分析软件便捷好用，推荐限时练使用；第三个是七天网络的阅卷系统。推荐在周考、月考时使用。我们的限时练批改要求是，每次限时练要全批全改包括二卷，第二天上午9：30前阅卷完毕，以阅卷系统的记录为准。

（四）激情教育

激情教育是课堂"6+1"的三大保障之一，所有教师都要在这方面有作为。从本周二起，各班下午2：05开始宣誓。每天的操后评，也可让学生参与，大声点评昨天的情况或者大声朗读他本人写的班级观察日志。除此之外，石家庄精英中学每天上午进行课前一支歌，唱的是《保卫黄河》《大刀进行曲》等激情四射的红歌。我们可以拿过来，先用一本机学唱跟唱。

展是议的顺延，评不是展的顺延，是对整体的评。

（五）学案（摘自李金池《中国课堂的奇迹》）

1."导"

（1）上课铃响之后，教师要用简洁明快的语言（可借助多媒体），实现旧知向新知的导入，激发学生对将要学习知识的好奇心。

（2）教师发出指令，各小组组长快速将课堂导学提纲分发给组员。

（3）教师指出本节课的重点、难点和学习目标；对"思"的内容进行说明和指导。

2."思"

（1）教师宣布开始自主学习，学生按照课堂导学提纲上的路径图阅读课本，自学深思，勾画圈点，分析归纳。

（2）同时，教师先站在讲台上对全班进行扫视，随即，走下讲台在教室内巡视观察，对注意力不集中和小声议论等行为提醒或制止，确保每一个学生精力高度集中，紧张高效。

（3）教师在巡视中，关注学生的神态表情和右手，洞察学生的困惑，并做好记录。

温馨提示：教师不可为学生讲解问题，以免干扰其他学生自学。

3."议"

（1）自主学习结束，教师立即通过投影出示学生讨论内容题目，并提示开始讨论，全体学生起立讨论。

（2）教师走下讲台巡查审视各个小组，如有必要可提醒讨论进度、点拨个别疑惑、告诫不在状态的学生，特别是要注意发现各小组有争议的共同问题。

温馨提示：小组成员要全员参与，合理分工，组织有序，人人主动发言；讨论的问题一定要有价值。

4."展"

（1）讨论一结束，教师立即通过投影出示展示内容和要求，各组学生浏览内容，紧张交换意见，整理思路，组织语言。

（2）激情展示开始，学生按照既定的规则或站立口头表述，或走上讲台板演，或通过实物展台展示解题思路。

（3）教师通过激励性语言、表情和肢体动作，激赏勇于展示的学生，鼓励其他学生质疑、挑战、纠错、补充。

温馨提示：理科每节课展示要达到5人次以上，文科每节课展示要达到7人次以上。学生展示过程中教师只可用词汇和短语激励学生、点拨思路，不可为学生代言讲解；提醒学生声音洪亮，语速适当。

5."评"

激情展示结束后，教师开始精讲，讲解内容应侧重规律的总结和方法的归纳，然后对易混点进行强调，补充学生未展示的内容，对本节知识进行整体梳理，形成知识网络。

温馨提示：当讲必讲，讲贵在精；提醒学生在提纲上用能够勾起回忆的关键词语、符号、图形做记录；既用多媒体，也用传统板演；切忌语速过快，力争不说一句废话。

6."检"

距离下课大约4分钟时，教师通过大屏幕投影告知学生进入"检"环节，在老师的提示下，学生先用大约2.5分钟对当堂所学的知识点、方法和规律进行回顾，反刍内化（自检）。

继而，教师通过投影出示或口头提出问题，学生短暂思考后回答，教师也可点号回答，如果回答正确，给小组加分，反之，回答错误，给小组扣分。

温馨提示：该环节不可或缺；不许拖堂。

最后是"练"，课外（自习课）进行。

通过练习、作业或活动等多种形式让学生灵活运用所学知识，夯实双基，最终达到学以致用的目的。

课堂6环节的落实有差异

2019年12月8日全校教工会议

自开学起，我们全面推行的"6+1"高效课堂，现在开展有序，并且初现规模，一是和课堂直接对接的集备、学案编写、课堂6环节教学、限时练编写批改，都在按标准和要求有序进行；二是和"6+1"相关的小组建设、激情教育也在积极开展；三是和"6+1"配套的检查、评价也已开始，比如各年级组织的示范课、集备观摩课、优秀备课案展等，再如学校层面实施新的工作量津贴发放办法、新的量化积分考核等。

在工作中，我们需要提醒如下几点：

（1）对"6+1"有了认识、有了认同，但是不牢固，常反弹、有差异，比如有的课堂环节出现了缺失，6变成了5或4、3、2、1，这里有的是因为备课不足导致的，有的是因为对学生活动培训不到位导致的，也有的是因为认识不到位导致的，主要是对"学为中心"这一核心理念的认识有偏差。

（2）课堂6环节的执行与落实有差异。课堂是教师监管下的课堂，课前2分钟学生的准备，教师要检查，检查学生学习用品的准备、检查学生预习复习的准备，在周四、周五的听课中，我们注意到有些年轻教师做得很好，比如……老师，课前2分钟，学生已在积极复习，而不是或手忙脚乱或慢慢腾腾或无所事事等待。上课喊班仪式有不少教师给省去了，这可能会影响学生的上课状态。思，13分钟，对有些学生来讲是很漫长的，教师要走下讲台巡查，而不是停留在讲台上，教师还要心在课堂、心在学生。议，有些同学站立动作缓慢，有些学习小组组织得慢，有些学习小组学习进度慢，教师要通过巡查提醒、要留心学生存在的共同问题。学习是学生的责任，提醒学生学、督促学生学、监管学生学、反馈学生学、评价学生学是教师的责任。

（3）教师工作着力点的不同影响"6+1"的效果。比如，备课，初备不充分、集备不分享、三备不用心，再如，限时练盯班到位不及时、中间长时间外出，批改不精细，反馈不精准。又如，6环节中评得不精准，集备中我们很难对评做到完全预判。评，一方面是对本课学科内容的总结、体系的建构、核心点的明确，这一点我们可以预判；另一方面是对课堂教与学具体现象和问题的回应与反馈，这就需要我们自备功力，就是看我们那"一桶水"大不大、满不满、多不多，这是我们自己要下功夫。有一种曲艺节目叫"三句半"，6环节中，学生说三句，教师讲半句，这个半句就是评，评是亮点、出彩点，是点睛之笔，是判断功力高下的标志环节。

总之，对于"6+1"的推进，我们在努力，在尽力，所以我们涌现出了众多优秀实施者和思考者。

李金池论高效"6+1"课堂（节选）

2019年12月19日全校教工会议

石家庄精英中学校长李金池先生在《中国教育报》刊发了署名文章《石家庄精英中学高效"6+1"课堂改革助推精中逆势崛起》，今天我们共同学习。

（一）理论支撑

理论依据主要来自三个方面，一是建构主义教学理论；二是人本主义学习理论；三是诱思探究学科教学论。

（1）建构主义教学理论认为，学生是信息加工的主体，是意义的主动建构者。教师是学习意义建构的帮助者和促进者，引导和促进学生去主动建构知识意义。

（2）人本主义学习理论，注重启发学习者的认知、经验和创造潜能，强调要以学生为中心来构建学习情境，让其从自己的角度感知世界，发展出对世界的理解。

（3）张熊飞教授的"诱思探究学科教学论"以"学习"为逻辑起点，分别揭示教学职能、教学机制、教学价值三大本质属性，形成了独特的辩证逻辑：发挥教学职能（诱思教学思想论）—启动教学机制（探究教学模式论）—实现教学价值（三维教学目标论）。

（二）实践创新

1.课堂模式创新

2.流程设计创新

由浅入深、循序渐进，确保学生在课堂上持续兴奋、学习高效。

3.课堂导学创新

通过学习路径设计，帮助和引领学生研读教材文本，在教师讲授前夕，尝试一步步攀登知识高峰。

4.课堂规范创新

教师如何做、学生如何动，都做了明确具体的要求，从而细化了课堂管理，克服了教师在课堂教学中的随意性。

5.备课研课创新

"三备两研"。

6.课外练习创新

7.教学评价创新

自我评价、同伴评价；团队评价与个人评价相结合，让学生在集体发展中自我成长。

8.评课文化创新

三条缺点再提一条优点。

（三）能力培养——在课堂内做教育

1.高效"6+1"课堂着力培养学生的主动进取精神

抑制了教师的讲，"思"环节让学生主动看书，"议"环节让学生主动参与小组讨论争辩，"展"环节鼓励学生积极大胆展示自己的观点和思路，"用"环节决不给答案，让学生主动寻找答案。

2.高效"6+1"课堂提升学生的自信，迸发学生的激情

高效"6+1"课堂的"议"环节，要求学生必须积极主动参与小组讨论问题，人人都要发言；"展"环节，要求学生激情踊跃展示自己的学习成果，大胆表达自己的看法，勇于质疑别人的观点。

3.高效"6+1"课堂让学生大量阅读，广泛涉猎

高效"6+1"课堂大力倡导读背教学，"思"环节拿出了整个课堂三分之一的时间用于学生阅读教材文本。课堂之外，各个学科每天都要结合当天教学内容，给学生提供大量配套的阅读材料，或读、或背、或写，使其广泛涉猎，汲取营养。

4.高效"6+1"课堂培养独立思考和质疑精神

"思"环节要求学生认真研读教材文本的同时，还必须多问几个为什么，要发现未知，写出疑惑；"议"环节小组讨论时，要求学生必须发表不同于别人的观点，不能人云亦云；"展"环节，要求学生必须勇于质疑，大胆挑

战别人的说法，创新解决问题的思路。

5.高效"6+1"课堂注重学生学习能力的培养

"思"环节，主要培养阅读的能力、独立思考的能力和自己发现问题的能力。"议"环节，主要培养学生合作学习的能力、口头表达能力和沟通雄辩的能力。"展"环节，主要培养学生大胆展示的能力、发散思维的能力和勇于质疑的能力。"检"环节，主要培养学生整理归纳的能力、反刍内化的能力。"用"环节，主要培养学生动手的能力、独立解决问题的能力。

（四）注意事项——不讲标准、不讲效率就是花拳绣腿

1.导——课堂起点

2.思——自读深思

教师要勤于巡视并密切关注每一个学生的自学状况，确保每一个学生精力高度集中。

3.议——合作学习

一是两两合作，互帮互学；二是以小组为单位进行问题讨论，解决自学中的疑难问题。

4.展——激情展示

通过问题展示，最大限度地暴露学生自学和讨论中存在的疑点、误点和盲点，然后让学生各出奇招，提出解决问题的方法和思路。教师要通过诱导和激赏调动学生探究的激情。

5.评——点评精讲

"思、议、展、评"四环节是递进关系，如同打仗时一步步缩小包围圈的过程。该环节，教师带领学生盘点"战果"，提醒学生有哪些知识点需要记牢，有哪些规律性的东西需要把握，有哪些通用方法需要掌握，有哪些技巧需要熟练。

6.检——检测反馈

在教师引导下，学生对当堂课所学内容进行整体回顾、反刍内化、自我评价，再由教师对当堂所学效果通过提问、小条练习等形式进行检测。

2019—2020学年第二学期学校工作计划（节选）

2020年2月17日全校教工会议

（一）高三工作

学校各部门要树立"一切为高三让路、一切为高三服务"的思想，为高三凝心聚力抓好备考创造好环境、好氛围。

第一，高三年级领导小组要积极调整备考战略，制定可行措施并将措施快落实、细落实、严落实。

第二，校领导督考高三，为高三备考的科学、扎实、紧张、有序保驾护航。

第三，高三的课堂教学模式在以学为中心的理念下可对"6+1"做出微调，这不是对"6+1"的否定，而是因为每一项变动都会带来改变成本。但是我们仍要提出几项基本要求。

课堂讲满讲全不行。我们不是开讲座、不是百家讲坛，不用让学生震撼、不追求让学生叫好，我们要的是有用，对做题有用，对应试能力的提高有用，对高考有用，所以我们要为学生提供动手动口动脑的机会，一是讲精准（有用）、讲精彩（不是有趣，而是教师有激情，内容有高度、深度），否则不讲；二是保证思、展的环节，要让学生当堂学，否则不上。

限时不盯不改不行。盯，要提高学生的时间意识、紧张意识，让学生真独立不抄袭；改，要改仔细，要把错误标出来，要把典型问题提出来，要让学生从教师的批改中有具体获得感。

集备可有可无不行。我们的备考方向科学与否、我们的课堂高效与否、我们的练习精准与否，都是以集备作为起点的，所以我们的集备要更坦诚、碰撞要更激烈，真实的集备才能集思广益群策群力，才是勠力同心共谋发展，才会体现价值融入集体。

（二）课堂"6+1"

经过一学期的实践，我们取得了初步成效，在学生、课堂、集备、学案方面都有体现和进步，当然存在一些问题，有些是"6+1"带来的新问题，如议的混乱、展得不规范、讲评不充足、师生交流不足；有些是一直存在的老问题，如尖子生饱学困生吃不了、错了还错、自习有违纪、作业有抄袭、学困生易游离、中等生易沉默。

关于"6+1"面临的具体问题，将尝试逐步解决。

本学期，我们将继续实践、继续描红、继续学样。

有的老师提出，在上学期实践中，我们已经意识到了"6+1"的不足，比如，导的时间太少、评的时间不够、检的环节多余、展评没必要分开等，我们在实践中发现的不足，我们周边人都认为某一条不行，为什么不改变？第一点，岳校长在学年开学时就举了莘县农业结构调整的例子，种大棚的决策不是人人都想明白了才说明它是正确的。第二点，我们遇到的问题不是"6+1"的问题，而是因为理解不充分、不够熟悉，所以执行不顺手不顺心，把问题指向"6+1"。我们现在执行中面临的问题可能并不是"6+1"的问题，而是我们的问题——理解的部分，我们执行了；不理解的部分，我们虽然执行了，但仍没理解（不理解的在执行中也没能理解）。

所以本学期，我们还要再学习"6+1"加强加深理解，不仅在课堂上实践着学，我们还要从思想学、从认识学、从理论学，要学习要交流，要开展过关课、展示课、优质课，每天要有公开课，每周要推优质课，每月要有比赛课，人人要上过关课，人人能上优质课，人人争上比赛课，我们要对三类课堂赛事，周周总结，月月评比，对优秀者上榜发奖有赏。

同时，在听课中特别是在同课异构、同班异科中，逐步形成完善的"6+1"下的观课、议课标准，优秀课堂标准，总体原则是由评教师为主变为评学生为主，由评教师的讲解精彩度为主变为评学生的参与度为主，由评课堂的活跃度为主变为评每个学生真正进入学习状态为主。

"6+1"是一项系统工程，不仅是课堂，还有课前备课、课后复习，它不是自动化的流程，而是学生的激情参与。学生的激情参与才使"6+1"有活力、有效率。

本学期要把激情教育作为管理的目标和目的，用比赛赛激情，用评比评激情。要节节课有励志，周周有赛事，全校要统一，要把各项激情工作纳入班级评比，班级量化要公示，小组比赛要纳入级部规划，星级团队评选常规化，对各项评比结果学校要留档并使用——使之有用。

在教学与管理上，我们还积极反思假期线上教学的做法，以便能借鉴我们的学校教学与管理。

复学先要复习"6+1"课堂模式

2020年5月20日高一年级教师会

今天我们的复学面临不小的挑战，"6+1"课堂改革就是挑战之一，因为我们虽然实施了一学期，虽然它符合学习规律，但我们仍对"6+1"不够熟悉，不够熟练，甚至漫长寒假后我们对它的理解非但没能加深，还可能更生疏。

所以，今天的会议主题仍是课堂"6+1"。

我们仍然实行课堂"6+1"，仍然实行学案导学，仍然进行"三备两研"，仍然实行限时练单班辅导、全批全改、分数上墙。

为什么实行"6+1"？因为此模式，让我们都感受到的效果之一是上课状态的变化——课堂上学生犯困的少了；此模式下，学习科学专家公认的学习方法在我们的课堂上使用了、呈现了——思考可视化（我们看见学习发生了、学生看见自己思考了，因为学生张嘴说疑惑了、讲问题了）、检索（限时练、考试是它的重要形式和表现）是最好的学习工具；让每位教师都深度体验并认同了先进科学的教学理念——学为中心、学生主体、自主合作探究等；从教学本身看，教学行为更规范了；从上学期期末成绩看，高一高二年级的可比科目都比兄弟学校要好，原因可能是多方面的，但至少没因改革的不适应而输给对手。

所以，本学期我们将继续学习"6+1"模式，继续熟练此模式，内化此模式，而不是改变它、调整它。

这种模式是目前我们接触到的最高效模式、最合理模式，这种模式是真正以学为中心。

下面我们对各环节逐一学习一遍，再熟悉、再加深。

导：5分钟，导入导学→励志+回顾/讲评+导学+发出指令进入下一环节。

励志：它是从课间到课堂的转换仪式，就像大声喊班上课一样，也像古代县官大老爷升堂猛拍惊堂木一样，让学生从课堂的乱散到集中、从趴倒一片的瞌睡虫到振奋。所以，励志的形式可以多样化：喊班、宣誓、视频、大笑三声、面部搞怪、深呼吸、少林八段锦的摇头摆尾等。

回顾/讲评：由于限时练没有专门讲评时间，我们这时多用于限时练讲评，也因此，我们常发现这五环节时间太短，其实5分钟是很长的，放在《新闻联播》中需要播报1000字。限时练讲评不是"导"环节的本义，导是为本节课的学习服务的，所以我们要选择与本节有关的限时练题目可做一定讲评，也与本节有关，这是我们讲、导的依据。

导学：目标、重难点、思考题目、要解决的问题，都指向学习目标和任务。明确目标，而不是把目标藏在教师心里，隐在教材里。

发指令，进入下一环节。

思：13分钟，此环节的重要依托是学案，几乎所有教师都认为学案是"6+1"课堂的关键。

关于学案，李金池校长是这样表述的：①教材要有机整合。②减少不必要的干扰性信息——课本又俗称教材、教本，我们是否可以推断课本编辑的对象是教师的教，同时教材主要以文字来呈现学科知识，它必须更关注知识的完整性、逻辑性、通用性，所以在学生的针对性、学习的实用性上会有所不足，也就是干扰信息，我们要把它剔除，把完整的有逻辑性的知识变为符合课堂学习节奏的方案，把教材变为学材，这就是我们的学案。③降低学习难度，降难度的方法不是删除难点，而是明确指令信息、详细指导学习方法。

这个环节与我们传统的课堂流程开始有了分歧，传统的课堂这13分钟里，我们是教师讲，似乎基于两点，不讲学生怎么能学会、不讲要我们教师何用——为什么让教师不讲这么难，讲是教师存在的意义和价值所在，所以不讲教师就会变身哲学家。而现在的主流教学理论——建构主义，都更多在学上下功夫，甚至出现了新的学科——学习科学。这一环节借鉴的是洋思中学的"学"，洋思中学是先学后教、当堂达标，但李金池校长为什么改为了思，怎样思呢？

李金池校长是这样表达的：

不是让学生泛泛地、单纯地看书，而是在教师指导下自学，首先要指出学习目标、提出自学要求和思考题，然后告诉学生自学方法和时间要求。自学的形式应多种多样，可以是读课文、做例题、看注释、做实验，圈、点、画、批、注。

据说，精英课堂为让思落地，学生先读书、再收/合书、再填学案。

教师勤巡视，密切关注每一个学生的自学状况，确保每一个学生精力都要高度集中，紧张高效地实施自学。

有的教师认为这个环节太耽误时间，学生思得太慢，这暗含的比较对象是和我们的讲相比较。其实讲与看哪一个获取的信息量更快呢？我在这里讲了20分钟，现在请老师们看一下我的讲稿（非学案式、学案式的），很明显，看比讲快，讲更耽误时间。所以速度不是思的劣势，我们应该在学案呈现上下功夫，在指导学生阅读上下功夫。

议，5分钟，是对思的顺承，即解决自学中的疑难问题、焦点问题。我们在这个环节面临的问题是，学生议不完，教师们想了很多解决办法，如小组任务分配，我们可不可以这样来理解，完成比完美重要，也就是小组把每一个难点或重点都议一遍，因为只有5分钟，无论能否解决，我们很难在课堂进行到23分钟时，把所有问题都解决。但是这个环节很重要，是教学中学生地位的转换，从被动地听与接受，到主动地说与表达。这是学习方法的转换，通过语言表达表述来学习，表达和描述问题与困惑、思路与方法，这是一种思考的可视化，这种学习方法，一是便于与他人比较，说出来摆在桌面上；二是一种自视，即自我反思，我是否清晰。

课堂节奏的转换，前面是长达13分钟的安静时间，现在让学生站起来、说出来，这会调动学生身心的兴奋。有的老师担心，这一议，有些学生过于兴奋，这其实不可怕，有的学生竟然伸了个懒腰，这恰恰说明议的重要性，否则，学生就会继续懒下去，伸懒腰与打哈欠同样是一种调节，是对兴奋的召唤，是对疲倦的抗拒，有的同学还会乘机说点悄悄话，搞点小动作，这都是对13分钟安然静坐的正常反应，适度的混乱可以激发活力、创造力，提高效率。

议也契合了一种主流的教学理念，情/场景式教学，议论本身的画面感和教师讲解的画面感是不可同日而语的，所以教学效果也是不可同日而语的。

教师们，李金池校长对议的设定是5分钟，18分钟学习后的5分钟，早几年我们知道一种说法，中学生的专注时长是15分钟，所以李金池校长说，没有小组讨论，就没有高效课堂。需要说明的一点是，李金池校长的讨论是包括对学的，也就是两两交流，他这样写道，"在对学、小组交流中进行思想碰撞"。

展，复习是6分钟，新授课是8分钟，仅次于思。

到台上来，让学生更紧张，更是对他的清晰度的考验。

展示什么呢？李金池校长说，教师认为的重中之重（不一定是难点，但一定是重点，一定具有代表性、典型性）、一题多解（思维的开放性，关键是让提出另一种解法的同学得意一下）、易混点（对比式练习或《认知天性》一书中把这叫练习的多样化）。

展的时间不够，原因之一是能在小组内解决的，我们让学生展了。

展的目的，最大限度地暴露学生自学和讨论中存在的疑点、误点和盲点，然后让学生八仙过海，各出奇招。也就是说，展不等于一个学生讲全体同学听，也就是人人常批评的由教师讲、教师灌变成学生讲、学生灌，而面对展的疑点、误点、盲点，所有同学都有机会展。

展时，教师能说话吗？原典中是这样写的，在这个环节中，学生是主角，在整个展示过程中，教师要学会期待，教师不要急于扮演救世主的角色，而是要通过对学生的诱导、激赏、肯定，调动学生探究的激情，启发和鼓励他们大胆地发表自己的见解，大胆地质疑、挑战、补充、完善。教师们能说话，但说什么、何时说、怎样说（如语气语调），是教学现场的教师要思考的，需要提醒的是，说的目的是推动学生的展，首先是着眼于学生的展，甚至不是问题的解决。

展的前提是小组建设——班主任是小组建设的第一责任人，当然，课堂上小组的运用、调动课任教师是关键，班主任建好小组。课任教师不用、不会用就会把责任都推给班主任。

展的关键是展的设计——教师本人，这包括展什么、怎样展、怎样推动展，这显示的是一位教师的胜任能力。物联网时代教师职能的重要定位是情绪劳动者，也就是关注学生的情绪、调动学生的情绪、安抚学生的情绪。学生展的内容、展的推动既要预设、提前设计，也就是备课设计也要在课堂即时生成。所以，学生展得如何关键在于教师的设计。

评，复习是8分钟，新授是6分钟。

先从自学、合作、参与度等方面，对小组给予评价激励，接着点评精讲学生在展示中暴露出来的问题和学生通过探究仍不能解决的问题，然后，再顺势讲规律、讲思路、讲方法、讲线索、讲框架。

我们经常说，评的时间不够，李金池校长是这样说的，思、议、展、评四环节是递进的关系，是一个逐步走向高潮的过程，也像打仗，是一个一步一步地缩小包围圈的过程，到评的环节就是打扫战场了。教师要告诉学生这节课我们消灭了多少敌人，抓获了多少俘虏，是用什么方法消灭的，是用什么方法抓获的，还有哪些办法可以抓获更多，这里边有哪些规律性的东西需要记住，有哪些战法需要把握，要提醒学生，让他们记下来。

缩小包围圈，这时达到最小包围圈，缩小而不是扩大。

思，是全面全部的，包括重点、难点。

议，重点、疑难点的第一次深接触。

展，重点、疑难点的第二次深接触。

评，重点、疑难点的第三次深接触。

拓展是顺势而为，是与本节课相关的，拓展不是知识的补充、扩展，评是清理、是聚焦。

检，3分钟，最短的一个环节，短到可以不要，实际上，很多教师也确实把它给省略了。

关于这个环节，我们有以下几点认识供教师们思考。

第一，它不等于小结，它的全称是检测反馈、内化所学，也就是说，它的定位不同于小结，它定位于学习结果、效果、目标的落实。所以它的形式是，主要在教师的引导下，学生对当堂课所学内容进行反思总结、反刍内化、自我评价（自检），也可以由教师对学生当堂所学效果进行检查验收。"检"的形式是多样化的。

第二，这符合学习的科学。检是逼迫学生对所学内容进行检索、提取，从而内化、联结，检索是学习的最有力工具。对所学即时反馈，特别是含有挑战性的反馈，是教学高效的最佳途径。

第三，教学是不能以教师的讲解作为结束的，哪怕你讲得余音绕梁，回味无穷也不行。

我感觉，李金池校长对教师讲解抱有极高的警惕，从时间到环节对教师的讲解进行全面限制，课堂的6环节就是对教师讲解的6条禁令、6道紧箍咒。

关于"1"练，说明两点，李金池校长说的练是巩固迁移、学以致用，它的主要形式是习题训练，还有随笔、小制作之类，它是学生完成学习任务的最后环节。第一习题应是所学的应用，第二是最后环节，它不可缺少，它很重要。再说一点，高三开学后，我去值班，在值班过程中，我们看到了墙上贴的成绩单，我和任老师开玩笑说，这些成绩单表明高三的复学正式开始了，没检测的教学、没反馈的教学是不完整的。

最后，我们学习一下李金池校长的两个招数。

李校长在《实操秘籍》一文中谈了三条。

第一，配发导学提纲。

第二，大屏幕投影辅助教学。每节课均须利用大屏幕投影辅助教学，可用多媒体投影机，也可用实物展台。

第三，细化课堂环节管理。其中，有我们关心的问题，公开讨论的有"6+1"是否应该微调整，私下议论的有长垣一中有的课堂没严格执行"6+1"。李金池校长这样写道，高效"6+1"课堂改革要像小学生练习毛笔字，必须经过描红、仿影，才能过渡到临写阶段，逐渐入体，形成自己的风格。所以，课改一开始必须先严格卡住时间，按照教学要求进行规范，等成熟了再放开。所以，我们现在需要的不是调整，因为我们还不成熟，很多问题是因为不熟练、不熟悉、没理解、没内化而产生的。

《制度保障》一文谈了四条制度：①严格规范的备课制度；②激情展示与小组建设；③注重实效的评课制度；④精选习题和限时练习。

这里，我们主要学习"②激情展示与小组建设"中的推进措施，即日点评：每天晚自习结束前的最后3分钟，由班主任对当天小组学习情况进行点评（班主任要有收集渠道和办法）。周总结：各班每周都要对各小组进行一次积分排队，每周班会，班主任都要对小组建设和积分排队情况进行总结，表扬好的，批评差的。月表彰：年级部每月对各班小组合作学习情况进行大排队，通过年级学生大会等形式，对优胜班级、优秀小组和先进个人进行表彰，并发奖状，上光荣榜。抓好小组建设，开展小组竞争是做好班级建设的重要抓手。

今天我们交流的主要是教学，特别是课堂教学环节，希望各组对已制订的教学计划再研究，对教学流程再体悟。

落实的工作才是有效的工作

2020年9月2日全校备课组长会

三个年级都已开课了，这意味新学年真正开始了，现在各位组长都很忙，为了忙得更正确、更规范，这里我们做几点提醒、强调、澄清。

（一）初备手稿

关于初备的重要性我们不必多说，有充分的初备才有高效的集备，初备是一个人独立、潜心操作的尝试，对个人发展来说是必须必要的。鉴于部分教师只是搭乘集备便车，而忘了初备、应付初备、不会自备等，所以本学年我们加大对初备稿的检查。

集备前，教师完成初备稿。

集备开始前，组长把初备手稿收齐，交给承包领导。

承包领导在每一个初备稿右上角签名，并记录未交名单，集备结束后，承包领导把初备手稿和并将初备手稿的名单交到级部。

级部检查所有初备手稿并记录，此检查用于教师评价。

质检组检查级部对初备手稿的检查记录，并抽查初备手稿，此检查用于级部评价。

（二）集备流程

集备是年轻教师成长的好平台，鉴于集备中年轻教师发言少的局面，我们把集备流程加以优化：年轻教师5分钟说课+主备人主备+讨论+组长总结。其中，年轻教师的名单由级部确定，级部确定年轻教师名单后请交给各承包领导，集备开始时，承包领导随机点或抽取年级教师进行说课；说课内容包括本节教学目标、重难点与考点，重难点与考点的突破办法和所需知识。

组长要优化主备人的主备流程。

组长提醒教师的手机集中存放或交给督导干部。

（三）下午研习，即教师学科素养提升

时间：周一至周五每天下午第三节。

形式：领学人读讲，其他人读思并记录，可借助媒体进行。

内容：本学期/周/节所涉内容的拓展、加深、前沿等知识，以"知网研学"和学科杂志为主要学习来源，学习内容是学术体文章，不是读者体、知音体、故事会体等。

每周日晚，确定下周所学内容和领学，组长报级部、级部报学科素养专班。

时长：不少于20分钟，学习结束后未下课的，要继续研讨限时练。

检查：①所有承包干部要全程参与；②检查《教师学科提升学习笔记》的记录；③每月组织学习考试（每次学习结束后，领学人要留2~3道思考题，以组成考试题库，组长教师每周五下班前把本周学习资料、思考题打包发给级部，级部汇总到学科素质提升专班），此检查用于教师和级部的评价。

（四）限时练

限时练是教学的最后一环，我们要收好尾。

限时练这个"1"，它与前面的"6"用时一样，是40分钟，足见其重要。

限时练是对所学知识的检索，这是学习科学中大力提倡的有效学习方法。

限时练的要点有三，即限时、应用、反馈。

我们要在这三个点上下功夫，限时练的落实，一有赖于教师的盯班，二有赖于练习的难度长度。应用的落实前提是习题的质量，限时练的质量既是这40分钟的保证，也是整个"6+1"的保证。下午第三节调整为以学科研习为主，这不是对限时练的放松和轻视，相反，这种学习更有利于限时练质量的提高，对于限时练除了在下午第三节研习后进行，在其他时间要继续，组长教师要把好关，绝不能交付给其他教师就撒手不问。限时练的反馈，指的是教师的批改，①全批全改，②呈现为分数和排名，③要到学生那里。

级部要对教师的限时练批改情况、张贴情况有详细记录，此记录用于教师评价。

质检组要对级部的记录情况进行检查，并抽查限时练张贴，此检查用于级部评价。

（五）6环节检查

一是级部组织的常规听课；二是承包领导的入班听课、走动式检查；三是质检组进行的走动检查和监控巡查，质检组的检查用于级部评价。

教师们，本学年是七大行动计划的全面启动落实年，这七大行动计划不是新增的任务，更不是新添的负担，七大行动计划是对我们重点工作的再强调，对难点工作的再攻坚，对零散工作的整合，对表层工作的深化。

比如，初备是一个教师必须做且正在做的，我们通过检查使初备更深入。

集备是一个老师必须做且正在做的，我们通过流程优化以保年轻教师更快成长。

提升学科素养是一个教师必须做且正在做的，我们通过统一组织使教师的提升更有保证。

学习反馈是一个教师必须做且正在做的，我们通过检查使反馈更及时。

6环节教学是我们正在做的，我们通过检查使"6+1"高效课堂教学模式更快落地产生成效。

当然，这些检查会增加我们工作的紧张度，其实高中教师本就不是轻松、自由的职业，轻松自由且成绩好收益高的路子全中国人都在寻觅。

"6+1"高效课堂9月份阶段性小结

2020年10月11日全校教工会议

（一）发动阶段

（1）8月29日，韩孟宽主席在全体教师会做了专题发言。

（2）9月1日，召开了全体组长会进行了工作部署。

（3）开学初，各级部分别召开了教师会、学生会、班会进行"6+1"高效课堂的培训与布置。

（4）9月2日，成立了校级教学质量检查组并召开了检查组第一次全体会议。

（二）开展阶段

（1）分别于第一周、第三周举办了两次优秀初背手稿、优秀限时练批改的展览，每个级部推荐5份，由高二一级部和高二二级部承办。

（2）第二周、第三周各级部举办了各级部组长或骨干教师的展示课。

（3）工作过程中教学质量检查组开了2次碰头会。第1次是5位检查组组长和12位主任助理，第二次是5个组长汇报会，对检查过程中发现的问题进行了反馈。

（4）9月16日，召开了12位主任助理共读一本书读书会活动，王校长和韩主席参会并作了发言。

（5）汇总并公布了9月检查总结果。

初背手稿：A等级，高三二级部、高二二级部；B等级，高一一级部、高一二级部；C等级，高三一班、高二一班。

"6+1"课堂：A等级，高三一级部、高一一级部；B等级，高三二级部、高二二级部、高一二级部；C等级，高二一班。

限时练批改：A等级，高三二级部、高二一级部、高一一级部；B等级，高三一级部、高二二级部；C等级，高一二班。

总评：高一一级部、高三二级部、高三一班、高二二级部、高一二级部、高二一班分别位列1~6名。

（三）现状与问题

各级部、各班级、各位教师、各位同学都已行动起来，都参与到"6+1"课堂改革的大潮中，参加检查督导的领导反映，教师们参与的深度和广度好于上学年，很多教师告别了一讲到底、满堂灌的教学习惯，思想和行为都发生了深刻的变化。

存在的问题：各级部、各学科、各班级存在差距，有的强调学段、学科、班级的特殊性，个别级部和组长态度暧昧，执行学校决定不坚决，个别教师还有回到原来的教学模式的趋势，白天不敢讲改为晚上讲，有的对"6+1"环节自作主张更改环节流程时间，部分习惯听教师讲的高一学生不适应新的教法，学校和级部的系列评价制度跟进不及时。

（四）工作建议

（1）"6+1"高效课堂改革是一项长期工作，不可能一蹴而就，丢掉幻想，要做好打持久战的准备。

（2）学校和年级层面要尽快出台新的评价制度，把"6+1"高效课堂的实行情况作为级部、学科组、任课教师评价的重要一项，与工作量津贴挂钩，与县市模范、学校年度优秀教师的评选挂钩，与优质课、教学能手的推选挂钩，可以一票否决。

改到深处是细节

2020年10月11日全校教工会议

教学是学校的核心工作，考试是提高教学质量的必要手段。这一周，三个年级组织了第一次月考，年级正在整理数据，从教师到学校都要对月考数据进行分析。

要用考试数据来分析考题设计（如考题的目的是什么、考题的合格与成功标准、考题的预期与结果分歧点在哪里、原因在哪里；组长和出题的教师要清晰讲出每道题的具体用意、设想与预期，要有接受同行质询、质疑的胸怀，要把考后试题分析当成全组教师的培训提升机会）。

要分析我们对学生学习的影响（包括课堂的秩序管理、重点生的学习参与度、学生作业的具体反馈、师生间的交流指导）。

要分析我们的教学落实（备课的精心度，备课绝不仅仅是集备，更不能只是备6个环节，而是备透教材，从教材体系到编者意图，从本节内容到单元体系再到学科前沿，从某种程度上讲，集备更多的是教学设计，因为我们集备的依托是导学案，而学科内容的深度、广度、厚度备课要靠个人努力。课堂的敏感度，对学生的学习行为、学习状态、学习策略要细观察、精反馈。练习的有效度，这里的有效度是指落实的结果，比如，易错题、已错题是怎样纠错的，怎样追踪的，结果是怎样测量的）。

年级和级部的分析要到班级、到学科、到教师个人、到学生个体，分析不是要给人定性，而是要找出优秀做法、找到不足之处，学校针对考试要搭建优秀做法分享的舞台、问题解决探索的擂台。

下面，就教学工作的核心——课堂"6+1"，再做一些澄清和说明。

（一）课堂6环节

1.导

导入：旧知向新知的导入（发散）。昨日的难点、错题（不贪多，两道足矣）是可以的，讲评、提问、背诵、板演都是可以的。

导学（新增环节，有强调之意）：聚焦学习目标，澄清学习目的与成功标准。

首先，教师要有目标，要知道这节课的学习目的（要把课堂带向何处、想让学生学习什么）、成功标准，然后才能引导学生。

其次，学生要清楚怎样才算完成、达标、成功，学生需要知道标准。一旦清楚了学习目的和成功标准，他们就有可能朝着掌握成功标准的方向不断前进，更有可能了解他们在通往成功的学习轨迹上的确切位置，以及学会自我监控和自我调节的方法。

2.思

思的内容和形式是多样的：读课文、做例题、看注释、做实验，也可以分段实施，如前8分钟，通读课文，完成学案；后5分钟，初次思考探究题（此题可用于议、展）。

思开始时，我们要下达指令。如此学生会有紧张感，而不是慢悠悠。要先讲要求后下指令。而不是思已开始或过程中提要求，这会打断学生的思。思长达13分钟，导学时除了纪律要求外，我们也确有必要给学生强调思环节的任务、目的和标准。

指令下达后，教师要勤巡视，决不能长时间在讲台上，在巡视中，教师要关注学生的神态表情和右手。

思是静的，但我们要强调学生的"动"——动笔"画、圈、线、问号"。

（1）画：课本中有些内容是知识和结论，要通过画进行标注，有些是帮助理解或说明性文字，无须记忆的不要画。

（2）圈：概念、公式和规律等内容中关键词语要进行圈点提示，这些词语往往可以作为出发点而显现出全貌。

（3）双线或波浪线：本节重点内容，教师重点强调内容。

（4）问号：自主学习中存在的问题，在问号旁边往往需要适当的文字加以说明，具体困惑或不同见解等。

不留痕迹的思要不得！

3.议

有研究者写道，学生掌握的具体概念和原则中有25%极度依赖于同伴间的对话。

Yair（2000年）让865名六年级到十二年级学生戴上特制的电子腕表，该腕表会在一天内发出8次信号，实验者共记录了28193次反应。学生要注意"手表发出声响的时候你在哪儿"和"当时你在想什么"，学生真正投入的时间只占每堂课的一半，该比例几乎不受能力或学科的影响。

列举这个调查数据，是想提醒教师们在进入议这个环节时，我们要对议的内容、目的和成功标准重述一下，意在提醒学生，防止学生仅仅是站起来而忘了干什么或慢慢地干什么。需要提醒的是要在学生起立之前，强调议的内容、目的和成功标准，再要求学生起立开始议。

议，既可以议难点、困惑点、易错点，也可以包括互背、互考、互查，也就是说，如果这节内容相对简单，如语文、外语的议环节可以让学生一人背诵、另一人看课本核对，也可以一人复述另一人倾听，还可互查学案的填写情况。

议分两步：对议（每组3对，一对一，互相解决问题）和组议。学案中的对议要有清晰的说明，采用何种形式和方法、达到何种程度，如"借助学案中……组议……规律""两人在讨论……基础上，互相检查，并构建知识网络"等。

议内容可以分为两部分：先讨论教师预设的问题（在PPT上展示明确要求。在长达13分钟的思环节结束后，教师应该提出问题，或检查或提升或导学，当然这个提问可以设计在学案、投在PPT、板演在黑板上），再讨论学生提出的疑惑和小组讨论过程中碰撞出来的问题。

议要起立而不是坐在座位上，身体的改变有利于学习状态的改善；议的时间点正是学生听得昏昏欲睡的时候。

培训学生：议中，及时做好记录，如观点、思路和方法，以及突发灵感和疑点，以备下一环节展示；议完后，组长要给组员分配下环节的展示任务。

教师要在议的过程中找出展的对象（人与内容）、需加议的题目。

4. 展

展分提问展（包括背诵）、板演展两种。

提问展，我们需要付出努力去设计真正值得提出的问题——能够促进学生学习的问题、引导学生去质疑和倾听的问题、帮助学生关注相关素材的问题、帮助学生将所学与先前知识整合的问题，而不仅是检查学生所学的问题。我们要给学生留下思考、考虑一些想法和应答的时间。

展可以有正确展，也一定要积极发现经典错误展。

不可省！展是议的自然延续，是对议结果的检验，展的检验性反过来可以使议更有效。展是学生的思维外显化，是学生间思维的比照，正确与错误、清晰与模糊。展是学生的舞台，是思维外显化的舞台，是能力锻炼的舞台，是学生主体地位显现的舞台。

所以，展是课堂的魂。

展是激情展：小组评价是关键，当场记分；学习委员日结、班级周评、级部月度评优到小组、学校学期评优到小组。

展为评的针对性提供了更大的可能。

5. 评

要改变"我的课堂由我随意支配"的旧观念，"我的课堂要由教学目的支配"。什么值得教师亲自评，为什么？不要重复学生所说（重复学生的答案在我们的课堂中太常见了），如果必须重复，请保证学生的署名权，正如某某同学所说的……

6.检

一节课的效果如何，首先应关注学生学得如何。

以检结束，而不是以教师讲结束，这是教师认知观念的改变，从认为"我讲完了什么"到测量"学生学会了什么"，这个环节增强了学生的紧张感和获得感。

检的形式多样，可提问、听写、默写，可做题、（听力）测试，可归纳；投影展示学生作品（课本标划、学案填写、笔记记录）也是一种检。帮助学生组织课上所学。

检要当堂评价，当堂反馈，而不是让学生做完题或听完听力就下课，要对学生所答所做给出结论性评价。

检的对象：每组的最后一号回答或4~6号被点名回答。所有学生都达到成功标准。

一场好讲座，听完后往往什么都没留下，若最后有相关题目，且当场让你作答就会不一样。

学生的学习必须成为教学的一面镜子，教师要透过这面镜子来检视自己的备课、上课等。

7.练

即在掌握了学习内容之后，学生开始独立实践，特别是新情景下的独立实践。练的是课堂上所学（不仅仅是所学知识，必须有方法与技能的练习，特别要提醒文科的学习，如写作、审题、阅读方法的练习）。这个步骤的缺失或内容设计得不当，是大多数学生无法应用所学知识的原因所在。

另外，需要商榷两个具体问题。

（1）关于难点太多的课。简单的知识学生可自学，中等难度的问题学生可以讨论解决一部分，需要规律总结，学生展示总结，老师可以补充。6环节的课是由浅入深、由表及里，循序渐进的。

有个词叫分布式解决，我在这里曲解一下，这节课的重难点我们要进行分布式解决，导、思、议、展、评、检各要解决什么，要具体可测，而不是笼统地通读一遍课本完成学案,要变成这节课与学习目标(包括具体的重点难点框架等,其实每个环节都应该有具体的目的和标准,都要和本节本单元的目标相关)相关的表述。

教师们,"6+1"使我们在学生的参与度上做出了改进,这一教学核心要素的改变要求我们教学的内容水平也必须做出改变。

(2)6环节是否意味着课堂学科味、艺术性的缺失?不是的。学习目标、学案表达、师生言语都必须体现学科性;艺术性一般是指独特性、新颖性、创造性,只要做充分的准备、付出足够的努力、有一定的素养(艺术性与哪种模式是没有因果关系的),这也是能做到的。在备课中,我们心中要有学生与目标目的(教学的目标、学习的目的——教学之后,学生应该能够做什么、理解什么、关心什么),还要增加思考的独立性;在上课环节,我们要以学生立场去体验,还要提高观察的敏锐性,这个观察不等同于课堂管理,要识别学习的机会与障碍,知道每个学生的学习状态和进展;在限时练批改中,我们要认真审视自己的教学行为,你把谁教得好,把谁教得一般?你什么教得好,什么教得一般?已经实现了什么,还有什么需要实现?如此6环节就是个性的、灵性的,不是僵化的。

(二)集备

1.集备内容

(1)环节集备。从听课来看,同一节课的内容、同一个课件和学案,教师们实际课堂上,差别较大的是导、展和检。

导有差异,包括复习的内容与形式,学习目标的使用等,所以要重点备导,充分讨论(导入时)复习内容的选取、(导学中)充分讨论学习目标的意义与成功标准的可测性。

展有差异,特别是展的内容、学生激情的调动,所以重点备展。这是课堂时间过半的一个环节,重点难点都要深度涉及、各种深坑与陷阱都要涉及,所以对展的内容要充分讨论。展是课堂的魂,这个课堂之魂指的是学生的主动参与，所以激情展才真正让课堂有魂、有神。李金池校长的"新精中改造计划"的第一步是激情教育。"教学的有效性如何，首先体现在能否调动学生的学习积极性，能否促进学生对知识的主动建构"。怎样让学生主动参与也是我们集备时需要考虑的，这不只是班主任的事。

检有差异，主要是有与无的差异，所以，集备要解释清检选取内容的理由与意义，人们对有意义的事更重视。

评是我们擅长的，似乎不是集备的重点，需要提醒的是，集备首先要明确讲什么，不讲什么；讲几个问题？讲到什么程度？如何遣词造句？

（2）学案集备。"6+1"课堂的本质是"依托学案教学打造高效课堂"，所以学案的重要性不言而喻，但在听课中发现，学案中还出现错误或不该出现的内容，幸好在思前老师已纠正或提醒，但这仍叫人有些担心，学案绝不是一个人或几个人的作品，要全组参与讨论、修正，要有耐心细心，要增强责任心，一定把学案打造成现时的精品。

学案是降低学习难度的，是为了更好地学而设计的，我们的学案是导学案。我们常说，这一节课太难，学生自学学不会了，我们这一课太难，只能老师讲了。其实，精英中学的学案编写原则中是有规定的：铺路搭桥原则就是在学生学习有难度的和跨度大的地方，通过回忆，设置引导问题或者使用引导语言，降低学生学习的难度。我们在编制导学案处理难题、难章节时要采用这一原则。听课中，有些科老师说，这一节较难，在组长申请、级部知情的情况下，我们不用"6+1"了，程序合规。但我们仍要思考，我们在分析教材内容、定位教材难度的同时，真的分析了学生的学情、学习方法了吗？真的为此在教法上充分讨论了吗？包括真的去理解"6+1"了吗？一定不要习惯性地认为难课就需要教师讲，更有甚者满堂讲。我们是有导学案的，导学案我们是可以设计的，学生的先前知识和能力不是空白。

学案分层设计位列精英中学学案编写原则的第一条，当然，它的分层设计指的是思、议、展、评、检之间要遵循由浅入深、由表及里的认知规律，引导学生循序渐进地完成学习过程。

（3）教材集备。高考的依据是课标、高考评价体系，教材的编写依据也是课标，高考题与教材具有同源性，它们的编写者和作者都是研究课标的高手，所以我们要用好用足用活教材。

新教材变厚了，厚在了教材中辅栏的增加，这是极好的学习素材，既有丰富的内容，更重要的是它的呈现形式是符合高考的；我们对其知识内容的关注是其次的，重点要研究其设计意图。

研究教材也是在研究高考。

（4）学情集备。在集备以上内容时，都要集备如何关注学生的学习——怎样观察学生的学习轨迹、学习策略、学习意愿和准备，也就是说，集备要备内容与流程，但这一切都要与学生如何学结合在一起来理解。

2.集备环节

理想的环节应是：年轻教师说课（抽签制）+教师们反思实际课堂与集备课堂的不同点+三天后的+明天的。

对于年轻教师的说课，备课组长要提出模式或流程，如重点难点是什么、确定的依据是什么、怎样突破、导展评的内容及依据是什么，等等，并且要求站立说课。组长等经验教师要通过对说课的年轻教师的追问进行培训指导。

备三天后的学案，为什么？只有这样才最有可能解决学案上的错误、分歧、模糊、不适当，因为此时学案还没印刷，已印刷的学案会影响学案的讨论，最终影响课堂的高效。

（三）限时练

1.超量命题，限时完成

可以对练与讲进行时间的分配。

2.分为错题滚动（2~3题）+回顾旧知（2~3题）+本节训练

3."限时练批改分数单"

（1）要标明四类学生名单：表扬名单、批评名单、约谈名单、需过关名单。

（2）把考试中的问题及提醒写在上面，因为限时练有时是没时间讲解的，再者，学生看分数及排名时极有可能（此时学生的眼光会寻找或游离）会看你所强调的内容。

我们的目标是促进全体学生朝向每堂课的成功标准发展！

关于课堂模式的再认识

2020年11月29日全校备课组长会议

到目前为止，我们的课堂教学改革，也就是"6+1"高效课堂已经实施了一年多，从教学理念到教学行为、从课堂实施到学生状态都有了很多的改变，但是与任务改革和举措一样，从"6+1"开始试行到今天全面深入，人们的议论与争议从未中断过。今天我想就课堂教学谈几点想法，与大家交流。

（一）为什么变

1.政策层面的要求

课堂是教育的主战场，课堂一端连着学生，另一端连着民族的未来，教育改革只有进入课堂的层面，才真正进入了深水区，课堂不变，教育就不变，教育不变，学生就不变，课堂是教育发展的核心地带。

2.学校发展的新内涵

"6+1"课堂模式我们学的是精英中学、长垣一中，其实以学生为主体方向的改革早在2004年就有学校开始探究实施了，比如黑龙江省大庆实验中学十分推崇的我们山东潍坊昌乐二中的271教学模式。

数据显示，教师教学方式都在改进，先进的区域改进更明显。

2020年教育部公布普通高中新课程新教材实施国家级示范区、示范校，潍坊市是国家级示范区，我们到寿光市去听课并旁听评课，学科素养是他们教研员和教师的高频词，也就是说，人家已经在听评课时用核心素养的视角来审视了。北师大附中是示范校，它们今年的工作重点之一是"如何围绕学科素养去备课"。

在学生主体成为教学理念，核心素养成为教学目标的情形下，我们的教学方式要做出相应的改变，并且方向已明确。

3.现实发展的需要

课堂的构成要素包括教师、学生、课程（教材）和物质条件四个要素，在课程（教材）已变的情况下，我们要保证结果不变或结果改变（向好），四个构成要素能做出主动应对和应该做出主动应对的是教师这一构成要素，也就是说，今天在教材已有大改变的情况下，教师的改变是必须必要的。改变就意味着有了新竞争点，在市域内，我们维持和寻找竞争优势，就必须先做出预判与应对，最低要求是不能晚于兄弟学校做出反应和行动。

总之，教学方式的改变，应对高考的切实需要；教学方式的改变，教师发展的必由之路；教学方式的改变，学校发展的必然要求。

用习近平总书记的话就是"只有顺应历史潮流，积极应变、主动求变，才能与时代同行"。

（二）怎样理解"6+1"

1.什么不是"6+1"

（1）6环节隔离的不是（围绕目标的、有主线——知识的或能力的或思维的或内容的）。

（2）课堂上，教师无所事事的不是——敏锐地关注学生学习状态、学习行为、学习进程、学习障碍点、生成点。

（3）教师先讲学生再练的不是——先学后教。

（4）没能力和方法训练的不是——只是处理知识，而没有概括能力、分析能力等训练。

（5）学生没能紧张快速参与的不是——精确到分钟的分段式的一节课，要让学生有事做、有挑战感，教师要会调动，学生的积极参与状态是"6+1"课堂的标志。

（6）没有效果检测或反馈的不是——包括课堂结尾时的检，也包括过程中的反馈。及时反馈与设置挑战是课堂教学的两大最有效途径。

2.一个都不能少

如果我们把6看作教学过程6个构成要素的话，我们会发现，哪一个都不能少，导、评不能少，课堂达标检测能少吗？先不说理论，只说我们见哪个层次赛课少了这一环？思（课堂自学）、议（小组合作）、展（学生展示）、检（当堂达标），这四项哪一项不是我们各级各类课堂的必备要素？为什么6个要素一个都不能少？因为它是教师主导、学生主体的最基本要求。《国务院办公厅关于新时代推进普通高中育人方式改革的指导意见》第（十）条"深化课堂教学改革"中明确提出"积极探索基于情境、问题导向的互动式、启发式、探究式、体验式等课堂教学"，"6+1"课堂至少可以满足互动式、体验式。

我们心中有这6个要素，方便了我们备课，因为有了基本课堂教学路线图保证我们课堂的基本水平，我们可以快速备课。

6环节很简单，简单到一学就会。例如在阳谷进行同课异构时，阳谷一中的教师在进行说课比赛时拿来就用了。但有教师反映，比赛不能用"6+1"，因为教师的本事显不出来，不利于教师煽情，其实现在的赛课，就懂行的或上过大操的评委来说，教师仅仅是评委的关注点或评判点之一而已，他们更多地关注学生的主体地位是否得到了体现，是怎样体现的。关于煽情，确实不是"6+1"课堂的长项，但高中课堂更多地追求理性。真正的煽情高手也许几分钟就够了，再多恐怕有作秀的嫌疑。

3.要在6个方面下功夫

当然，6环节可以更丰满的、丰富的！

为防止6环节的简陋化，我们要在6个方面下功夫。

（1）在目标确定上下功夫。目标是先于内容的。我们这节课要干什么？到哪里去？从哪里来？现在在哪里？我们要考虑清楚这个问题，才能更好地组织内容，才能真正地理解内容。

内容和知识要具有价值性，教师重新审视、耐心审视，是否与体系相关、与思想方法相关、与挑战探究相关、与关联相关、与生活经验相关。

明晰教与学的意义与价值是解决厌教厌学的途径之一，是引发深度学习的条件之一。

目标要围绕学科素养设置，表达上要可操作可测量。

总之，我们只要常思考这个问题，课程目标、单元目标、课堂目标等，我们想要的学科思想、学科思维才有可能进入我们的课堂，体现并落实在我们的教学中。

（2）在紧扣目标上下功夫。教学目标不是让别人看的，而是引领课堂的，是课堂的方向，是学生的终点状态；6环节很容易给人带来割裂感，有人常说，6环节会带来课堂的碎片化，所以，我们的课堂要在紧扣目标上下功夫，一是真扣，二是在PPT每个环节转换时用文字体现或强调。

（3）在情境教学上下功夫。基于情境教学是政策要求，是刚性要求。什么是情境？《中国高考评价体系说明》中，有情境和情境活动两个概念，情境即"问题情境"，指的是真实的问题背景，是以问题或任务为中心构成的活动场域。情境活动，是指人们在情境中所进行的解决问题或完成任务的活动。我们共同学习一下关于情境和情境活动的表述：①通过选取适宜的素材，再现学科理论产生的场景或是呈现现实中的问题情境，让学生在真实的背景下发挥核心价值的引领作用，运用必备知识和关键能力去解决实际问题，全面综合展现学科素养水平。②高考以生活实践问题情境与学习探索问题情境为载体，回归人类知识再生产过程的本源，还原知识应用的实际过程，符合人类知识再生产过程的规律，为解决当今知识爆炸时代，如何通过考试引领教育回归到培养人、培养学生形成改造世界的实践能力这一重大问题提供了可行性路径。③情境活动可分为两层，第一层是简单的情境活动，第二层是复杂的情境活动，该类情境活动主要取自国际政治经济、党和国家政策改革、社会发展、历史事实、科技前沿等方面。

关于具体的情境示例，《课程标准》中有表达，以历史为例，《历史课程标准》是这样描述情境的："新情境可以有多种类型，包括学习情境，指在历史学习中遇到的问题，如史料、图表、历史叙述、史论等问题；生活情境，是指在个人生活、家庭生活、社区生活中遇到的与历史有关的问题，如在倾听长辈的回忆、观看影视剧、游览名胜古迹时遇到的问题；社会情境，是指对社会问题的历史考察，如某种社会风俗的来源、某一国际争端中的历史背景问题；学术问题，是指历史学术研究中的问题，如历史学家对某一历史问题有多种看法等。"中国高考蓝皮书中，这样表达情境与"四翼"的关系：学习情境、生活情境、社会情境、学术情境大体可以对应高考评价体系中的基础性、综合性、应用性、创新性这"四翼"的要求。总之，我们创设的情境应从生活实践性、学习探究性来考虑，要考虑情境的真实性和开放性。

（4）情境教学实质上是情境问题教学，所以情境问题的设置是一个关键点，好的情境不能引发或设置好的问题引发也是枉然，所以在问题设置上下功夫。

好的问题要有挑战性，要抓眼球，角度要不平淡不寻常；好的问题要尽可能自然地把基础知识包含在内，也就是说，学生解决问题不得不去学这个知识；问题与主体之间，要尽可能体现关联性，也就是几个问题间不是平行并列的，而是有关联的，比如提出一个主问题，然后根据这个主问题再延伸一些相关的问题。总之，要有一定的挑战性、开放性和体验性，甚至可以不获得正确答案为主诉求。

（5）要在方法指导和体验上下功夫。学习策略解决是我们课堂所缺失的，而解决问题是需要方法和路径的，对学生存在的问题我们要追问，我们的教学做了什么，特别是在方法指导上——北京十一学校称为自我追责法；课堂一定有能力培养点（目标），否则是不符合要求的课堂，在能力培养点上，教师要有可操作的、可表达的（思维过程的外显化）、可体验的方法指导。教师要有强烈的能力培养意识，比如大庆实验学校的同课异构，其课题是《学会表达：新课改视角下，我的主观题应对策略——以矛盾观为例》，比如寿光市历史教研员评课时说，（这位老师的高三复习课缺点之一是）材料题使用不足，没能像讲评课那样来处理，即碰到方法培训点、能力培养处没有着力，而是把它按一般流程和内容来处理了；面对学生存在的学习问题，教师要自我追责——学生存在问题的背后我们教师的问题是什么，如学生不会提取关键信息，教师需要自问的是"我给学生提供过提取关键信息的方法吗"。

（6）要在育人价值上下功夫。立德树人要落实，高考要考，课程和教材是重要载体，课堂是重要途径，课堂要有思想性，要挖掘德育价值（以前的提法是进行德育渗透，不要说没有，而是你挖没挖，没有育人价值的部分教材怕是已经淘汰掉了，当然育人功能落实到具体的每一节是有争议的，育人功能的落实单位可能要大一些，比如单元）。

2025年新课程新教材的理念、内容、要求全面落实到普通高中教育教学的各个环节，课堂教学方式的改变，只是教学改革的一部分。

（三）再明确对集备、研学与限时练的要求

有人说，集体教研是基础教育领域我们向世界输出的中国经验。

流程：年轻教师说课（抽签制）+教师们反思实际课堂与集备课堂的不同点+三天后的+明天的。

说课和主备的内容：课标、教材［目标——如何围绕学科素养去备课、怎样实现知识的结构化（大的知识结构和学科体系）］、核心性（反映学科思想和方法的核心知识，如大概念）、生活化（与现实生活和学生经验联系密切的知识，反映知识意义的）、学情（情绪的调动、不同层次学生的参与情况）、教学流程（互动的有效性、导展评）。

教研：这是教师们的基本工作方式。高水平的教研与高的教学质量是呈正相关的，聊城与潍坊的比较可以说明这一点，在上级指导水平不足的情况下，我们要在新课程新教材新教学新高考即"四新"情况下有所作为，就必须自主、自强。

目前，我们的备课与高考要求还有距离，我们教研还有很强的随意性，有些课还在走形式，没能把教研当成自我学习提升的机会。

在集备和教研中，组长的作用至关重要，本次教学改革能否真正深入、有效，一是取决于学校领导的决心与制度；二是取决于学校各部门的检查和考核；三是取决于组长的认识与引领，并且这是最核心、最关键的。

"6+1"高效课堂建设上学期工作总结

2021年1月20日干部述职会议（节选）

本学期，高效课堂建设取得了一定的成绩，现把上学期工作总结如下：

（1）高效课堂教学质量检查组对高一、高二、高三6个级部的初备稿检查、限时练批改张贴、"6+1"高效课堂各环节落实，坚持每天一检查，每日一公布，每月一总结，如附表1至附表3所示。

附表1　9月"6+1"高效课堂检查结果

项目	分数	高三一级部	高三二级部	高二一级部	高二二级部	高一一级部	高一二级部
初备手稿	平均分	3.82	4.76	3.82	4.29	4.25	4.13
	月等级	C	A	C	A	B	B
"6+1"环节	平均分	4.41	3.94	3.24	3.82	4.25	3.75
	月等级	A	B	C	B	A	B
限时练批改	平均分	3.89	4.2	4.2	3.67	4.47	3.57
	月等级	B	A	A	B	A	C
总评	合计	12.12	12.9	11.26	11.78	12.97	11.45
	名次	3	2	6	4	1	5

附表2　11月"6+1"高效课堂检查结果

项目	分数	高三一级部	高三二级部	高二一级部	高二二级部	高一一级部	高一二级部
初备手稿	平均分	5.00	4.89	4.70	4.90	4.70	4.50
	月等级	A	B	B	A	B	C
"6+1"环节	平均分	4.38	4.63	4.09	4.00	4.55	4.27
	月等级	B	A	B	C	A	B
限时练批改	平均分	5.00	4.83	4.76	4.53	4.76	4.76
	月等级	A	A	B	C	B	B
总评	合计	14.38	14.35	13.56	13.43	14.01	13.54
	名次	A	A	C	C	B	B

附表3 12月"6+1"高效课堂检查结果

项目	分数	高三一级部	高三二级部	高二一级部	高二二级部	高一一级部	高一二级部
初备手稿	平均分	5.00	5.00	4.27	4.45	5.00	5.00
	月等级	A	A	C	B	A	A
"6+1"环节	平均分	4.33	4.56	4.38	4.69	4.00	4.40
	月等级	B	A	B	A	C	B
限时练批改	平均分	5.00	5.00	4.00	4.25	4.75	4.75
	月等级	A	A	C	B	B	B
总评	合计	14.33	14.56	12.65	13.39	13.75	14.15
	名次	2	1	6	5	4	3

（2）举办了6次优秀初备稿、限时练批改展览，其中4次是全校范围，2次是级部范围。

限时练批改优秀教师名单与初备手稿优秀教师名单此处省略。

（3）分别在10月和1月组织了两次年级集备围观活动和1次高一英语组和高三化学组校级集备观摩活动。

（4）组织了本学期优秀导学案评比，评选出了各科优秀导学案编写者。

（5）举办了第一期"6+1"高效课堂优秀实践者校级公开课，如附表4所示。

附表4 "6+1"高效课堂校级公开课（第一期）

星期	节次	年级	科目	课题	教师	地点
一	下午第三节	高二	数学	《圆的一般方程》	袁迪	致远楼一楼西
二		高一	政治	《习近平新时代中国特色社会主义思想（概论）》	乔璐	致远楼三楼西
二		高二	物理	《动量守恒定律》	韩章辉	致远楼一楼西
二		高一	历史	《辽宋夏金元的文化》	石慧	致远楼三楼东

续表

星期	节次	年级	科目	课题	教师	地点
二	下午第三节	高三	地理	《人口分布与人口合理容量》	王优	明志楼二楼
三		高二	数学	《圆的方程》	储明坤	致远楼一楼西
三		高二	英语	《Unit 5　Revison》	曹国霞	致远楼三楼东
三		高三	政治	《文化创新》	王晓云	明志楼二楼
四		高二	化学	《离子浓度大小比较》	付成超	致远楼三楼东
四		高三	生物	《DNA的复制》	张巧芬	明志楼二楼
四		高三	语文	《诫兄子严敦书》	马兰胜	致远楼一楼
四		高三	物理	《机械能守恒定律》	袁际永	明志楼三楼

（6）为落实山东新高考，筹备实施了同一学科、不同年级、同一课题的"同课异构"赛课活动，并且在课后进行了各科研讨活动，提高了全校教师在课堂上将学科核心素养落地、生根、成长的能力。

（7）筹办了全县高中各科教师参加的"莘县一中6+1高效课堂教学观摩"活动，受到了县教体局领导的赞同。

关于举办全县高中课堂教学改革交流研讨会的通知。

各高中学校：

为推动我县高中课堂教学改革进程，全面提升高中教师课堂教学水平，打造高效的课堂教学模式，经研究决定在莘县一中举行"6+1"高效课堂模式教学观摩活动并进行教学改革交流研讨。现将有关事项通知如下：

其一，教学观摩及交流研讨安排（12月21日~24日）（附表5）

附表5　教学观摩及交流研讨具体安排

时间		周一	周二	周三	周四
上午	8：00—8：40	语文1	数学1	英语1	物理1
	8：50—9：30	语文2	数学2	英语2	物理2
	9：40—11：30	交流研讨（各学校指派代表发言）			

续表

时间		周一	周二	周三	周四
下午	14：10—14：50	化学1	生物1/历史1	政治1	地理1
	15：00—15：40	化学2	生物2/历史2	政治2	地理2
	15：50—17：30	交流研讨（各学校指派代表发言）			

注：1表示高一年级，2表示高二年级。

其二，会议地点

历史学科在致远楼西三阶梯教室，其他学科在致远楼西一阶梯教室。

"6+1"高效课堂改革计划已初见成效，每日的集备和研学越来越规范；以"学生主体"的教学理念越来越深入，学生的自主学习越来越主动；教师们限时练的批改越来越细致。

在改革和创新的路上，从来不会一帆风顺，一路坦途。我们在实施过程中也发现了一些问题，比如，学生之间差别大，学习能力有差别；学科之间难度不一致，学科内不同板块难度有差别；不同年级、不同模块、不同学科不能用同一个模式、同一个标准。

如何让"6+1"更好地深入每个年级、每个学科、每位教师，一是对"6+1"授课模式微调，二是建立并完善评价机制。学校评价级部，级部评价备课组、每个任课教师，使以学为主体的理念内化到每个教师的心中，使"思、议、展、检"为主体的行为外化到每个教师的行动中。

我们有决心，在前进的路上，实时且及时地做出必要的调整，积极地解决遇到的每一个难题，使我们的课堂充满活力，使我们的学生发展得更好，使改革和创新促进一中的发展，使一中的明天更美好！

我们为什么能赢？

2021年2月23日全校教工会议

1.集备在深化

①心态，从抱怨、应付到做好、应对。②因为主备人当众讲，他一定会

准备的，课件统一、学案统一，使用者一定会提出意见使之更科学、更有效。③年轻教师说课，使他的成长看得见、感得到。

2."6+1"课堂的探索正在深入

①关注学生主体、学为中心，我们的课堂是认真的。②课件学案的统一、当众的说课主备这一集备制度意味着，我们的课堂不会被拉低，起码要在平均水准以上。③教师们正在积极适应、积极探索：高一政治组9月对思的环节进行了改变与细化，高二化学组对课堂进行了导—思—议—展—思—议—展—评—检的尝试，高三历史组对限时练的时长进行了微调。

3.限时练批改真正落实

①全批全改；②有分数；③有分类名单。

4.教学研究真正进行

下午第三节为教师学习时间，研究大学教材、学术文章、高考试题、政策文件等。研学是潍坊、寿光教研室已经做和正在做的事，我们学校来做——有时间、有内容要求、有干部督导！

5.实验班教学，正在有效统筹

①上升到学校层面，并有领衔人每周过问与提醒；②统筹三个年级的实验班教学，以便于教学管理的传递性、拓展课等教学资源的传承性、政策研究的连续性；③实验班教学与管理的调度例会是一种有力的督促；④学科同步拓展资料上传是一种真落实。

6.学困生转化，真正落实

①上升到学校层面，并有领衔人每周过问与提醒；②深化分层教学，加强数学B层学案的针对性；③有了时间：利用下午第三节，开展数学科目的补弱工作；④有了载体：以上周的限时练为载体抓好周清；⑤建立错题纠正流程；⑥继续探索小语种的转化与教学。

7.成绩评价没放松

细化期中、期末考试的数据分析；把考试分析和表彰提升到学校层面并及时进行数据公开。

我们重视课堂从备课、上课到作业批改的完整过程；我们重视尖子生、学困生关键群体；我们重视用检查促落实、用领导重视促落实。

我们的工作正在践行"教学工作是中心""教学质量是核心""学为中心"的理念。

当然，在新课标、新教材、新高考的背景下，我们对学科备考的方向性还需进一步学习。必备知识、关键能力落实要体现在学案、限时练的编写上，这取决于组长和全组成员的水平与学习，也受学校引领与检查的影响。

当然，学困生的转化要重视课堂！要防止假补弱、假交流！

当然，学生的学习策略要细化到课堂内的指导与落实！

当然，精细学生管理、激情教育也都是我们的必须！

当然，教师的情绪化需要我们认真对待！

在课堂建设（课前—课中—课后）、名优生培养、学困生转化、教师学科素养提升等方面，我们应做的是深化、强化、细化，因为我们正跑在正确的道路上！

"6+1"高效课堂年级推进会

2021年3月7日分年级召开年级教师会议

高一年级：再谈教学规范

1.课堂模式是必要的

（1）教师队伍需要模式来提升。模式是培训与学习、是规范与提升。

（2）传统课堂需要模式来改进。以讲为主的课堂已落后于形势，不能应对变化的快速性与竞争的激烈性。

（3）教学是有基本规律的，因此课堂教学应有基本的遵循。

2.教学规范的必要性

（1）避免随意性，教学水平成长的基本保障。

（2）形成学习惯性，有助于学生思维等准备。

（3）以身示范，有助于对学生的规范教育。

（4）保障课堂必备环节，保证课堂学习效果。

（5）教学规范是教学管理的基本内容。

（6）教与学方式的转变是改革的根本目的。

3.课堂教学的规范

（1）候课：快速读背、预习、抽查、面批。

（2）上课与下课：仪式感、激情启动。

（3）导：可以用典型错误导入，要有导学之意。

　　思：可采用听、说、读、写多形式，是自学，要找出疑惑。

　　议：先对议再组议，要指导议内容和秩序维持，不是虚招是落实。

　　展：内容与个体的选择性、积极性。

　　评：要把握多与少的关系，要透彻。

　　检：不要拿选择题应付，要对标检测。

这6环节是由浅入深、循序渐进、逐步解决问题的过程。

高二年级：持久有效抓教学管理

（1）坚定不移地推行"6+1"高效课堂建设，紧紧围绕"6+1"高效课堂展开导学提纲的设计和集备工作。集备既要重视内容设计，还要注意6环节的操作性。"思"环节容易出现的问题是什么？"议"环节要让学生重点议什么内容？学案要体现议的具体问题和具体形式。"评"环节，怎么评？评的环节不要就题论题，要有归纳、总结和提升。

（2）课堂严格按实操要求执行。学校要求各位领导听课时把"6+1"落实情况作为重点督导对象。各环节教师的指令要明确。"思"环节是否要突出重点？"议"环节怎么议？ 管理好课堂和限时练。任课教师要想管、敢管。课堂和限时练是否高效直接决定成绩的好坏。

（3）研学要提前规划，领学人要提前钻研，做好总结提升工作，不能出现仅仅读一遍即过的情况。

高三年级：二轮专题复习要用好"6+1"

1. "6+1"高效课堂的意义

（1）高考的需要。高考考查的核心：无重题、阅读量大已经是高考的常态，规定的时间内快速阅读提炼信息，调动学科知识，快速准确解决问题。"6+1"模式恰好完全吻合了高考。

（2）当今社会做一个合格人的需要。一个人要做成一件事就需要有时间节点规划，遵循每个时间段该完成的项目环节，在遇到问题时寻求合作伙伴的帮助或者请专家指导，最终实现自己的事业。这也和"6+1"模式相吻合。

2. "6+1"高效课堂各环节的具体理解

（1）限时练：学案和限时练融合—第二天学习内容—必须认真。

①提前准备、迅速进入状态、强化时间观念。②摸清脉络——基本知识、必做必会题。③自我摸底——会哪些、哪些做不出来、哪些完全不会。

（2）导：点评问题、构建知识体系—强化记忆。认真听问题在哪儿，知识体系必须快速梳理（笔记本），进行记忆、理解，有课本。

（3）思：自我更正、自悟—快、多问为什么。

①快速、按层次，必做必会题优先、会而不对优先，全不会舍弃。②杜绝找抄答案，浪费时间。

（4）议：相互启发——针对性强，积极参与。

①议的问题要明确，积极问，不当看客、听客。②议的速度要快速，议思路不议过程。③议的方式要多样，可先对议，再组议。

（5）展：强化记忆和领悟—会即展、争先恐后。

①不推诿，杜绝浪费时间。②板书要规范、条理，回答要洪亮、条理。

（6）评：情境阅读法、总结规律、技巧，提升思想方法—听、记。

①听思路如何突破（读题、审题、知识的迁移）。②听技巧、方法、规律。③边听边记，学会速记。

（7）检：学会回忆和思考，相信自己一定能做出来。

二轮复习教学要求

1.学案的编写要求

（1）编写人员的精选、上报。

（2）容量大是不是落实，分层（标注）是不是落实。

（3）强化主观题的考查。每周上交纸质学案一套。

2.集备

（1）迅速按时。

（2）要集备"6+1"各环节的实施办法，特别是导什么、如何导，议什么、如何议，展什么，谁去展，评什么，怎么评。

3.课堂严格实施"6+1"

各环节不能少，根据二轮复习模式学科特点固化各环节的时间节点。

基本要求：导——点评问题、构建体系；思——改错自悟；议——明确议的问题，明确议的指向，丰富议的手段，提升议的效率；展——边缘生动手、动口；评——杜绝就题论题，情境阅读法、规律、方法，提升；检——学以致用，要求使用统一课件。

为"6+1"课堂改革搭建舞台

2021年4月5日全体教工会议（节选）

"6+1"高效课堂建设是本学年的重点工作，开学以来，围绕这项重点工作，我们已经做和正在做的三项工作。

1."6+1"高效课堂调研

（1）3月15日到4月2日课堂调研数据汇总。

（2）因一模和月考，课堂调研延长两周，至4月17日。

2.编辑《课改之窗》（第六期）

教育改革：从"以教为中心"转向"以学为中心"。

《课改之窗》本期主题词：从教走向学，让学习真实发生。

话题一：为学习寻找路径。

围绕集备、学案等内容写作。

话题二：让学习过程显性化。

围绕课堂6要素（导、思、议、展、评、检）写作。

话题三：让学习结果可见。

围绕限时练、思维导图、复盘课等内容写作。

话题四：教学，在思考中转身。

围绕研学、学科素养等内容写作。

在编辑《课改之窗》的过程中，我们学习和分析了北京十一学校的课堂，从中发现我们与北京十一学校走在同一方向上：从教走向学，当然我们和北京十一学校的差距还是比较大的，但现在新课标新教材新高考为我们追赶北京十一学校提供了机会和可能，如此背景下，我们部分学科和个别先进教师超过北京十一学校也并非不可能。

3.同课异构研讨活动暨第十届赛课活动

两点说明：

其一，评课首先由讲课选手说课，介绍本节课的设计意图，学科素养落实的方法与途径等，然后各年级备课组长或各年级各出一名教师代表评课。

其二，要积极参加个人成长竞争。没有条件限制。有无数次机会，包括试错的机会、出彩的机会、锻炼的机会。老教师——老当益壮，越挑战越精神；新教师——雏鹰新啼欲展翅，壮志凌云破长空；骨干教师——这就是我的舞台，当仁不让。

同课异构研讨活动暨第十届赛课活动——生物学科组活动安排

（一）赛课课题："长句表达"专题教学

【提出缘由】

近年高考生物学试题中长句表达答题比重明显增加，主要设问包括解释原因、阐明理由、说明判断依据等。考生解答这类问题往往失分较多，主要表现有：①思路混乱逻辑不通；②答非所问或词不达意；③丢三落四对而不全；④生物学术语使用不规范，等等。

如何解决这一难题是课堂教学中应当重视的课题。这是选定课题的主要缘由。

【活动目标】

（1）熟练并灵活运用高效课堂"6+1"教学模式完成生物学教学任务。

（2）探索解决"长句表达"难题的一般规律和方法。

（3）通过展示交流和观摩学习，共同提高课堂教学水平。

【教学建议】

（1）课堂结构：高效课堂"6+1"教学模式。

（2）教学内容：参照高考真题，结合近期学习内容自行选取。

（3）重视效果：课堂教学目标达成度和解题规律、方法的概括、归纳。

（4）关注特色：坚持守正创新，展现个人特色。

（二）讲课时间和地点（附表6）：

附表6　讲课具体安排

日期	年级	执教老师	节次	时间	地点
4月7日	高一	刘秀婷	下午第一节	14：10—14：50	致远楼西三阶梯教室
	高二	于一凡	下午第三节	15：50—16：30	
	高三	王利丹	下午第二节	15：00—15：40	
研讨会：4月7日下午第四节　致远楼西三阶梯教室						
评课环节：首先由讲课选手说课，介绍本节课的设计意图、学科素养落实的方法与途径等，然后各年级备课组长评课						

同课异构研讨活动暨第十届赛课活动——英语赛课主题及安排

（一）赛课主题：设计词汇教学课例

1.目的与意义

词汇量的多少在一定程度上代表一个学生的英语水平。词汇是英语之基、阅读之本、完形之根、写作之魂。现实告诉我们，词汇恰恰是学生的软肋。同学们天天背词汇，记住的速度远远比不上忘记的速度，瞬间记忆如何转化为长时记忆是我们的教学困惑点之一。同学们习惯于甚至喜欢天天看词汇表，可成效不容乐观，故，教师们有必要引导学生尝试多种方法记忆词汇。

2.基本标准与要求

（1）课堂教学符合新课程标准所倡导的"情境教学"和"用英语做事情的理念"。

（2）课堂符合"6+1"理念和要素，教学环节的时间分配可弹性。

（3）教学设计符合本年级的学情，和高考方向保持高度一致。

（二）具体安排（附表7）

附表7　英语赛课具体安排

年级	执教老师	节次	时间	地点
高一	王丽霞	上午第三节	9:40~10:20	明志楼三楼
高一	吕适意	上午第四节	10:30~11:10	明志楼三楼
高二	宋燕利	下午第三节	15:50~16:30	明志楼三楼
高二	王艳峰	下午第四节	16:40~17:20	明志楼三楼
高三	张振华	晚上第一节	19:05~19:45	明志楼三楼
高三	王丽华	晚上第二节	19:55~20:35	明志楼三楼
全体	研讨会：晚上第三、四节　明志楼三楼 评课环节首先由讲课选手说课，介绍本节课的设计意图，学科素养的落实方法与途径，然后各年级各出一名教师代表评课			

同课异构研讨活动暨第十届赛课活动——历史学科主题及安排

1.课题（主题）

基于新高考的历史主观题应对。

2.选题目的

通过新高考的历史主观题应对教学，培养学生历史主观题的解题能力；通过课堂教学大赛，引导教师们在教学中聚焦历史学科素养和历史主观试题解题方法和规律的探讨。

3.注意

（1）以本年级当下的教学内容为主要依据，可以根据需要选择不同的题型。

（2）具有目标意识，必须有教学目标展示，教学过程围绕教学目标进行，当堂达标。

（3）"6+1"课堂教学模式，可以适当微调。

（4）以学生为主体，具有方法渗透和思维训练。

4.具体安排（附表8）

附表8 历史赛课具体安排

时间	授课人	节次	地点
周四 4月8日下午	唐好鑫	下午第二节（15:00~15:40）	致远楼西三阶梯教室
	卢 娜	下午第三节（15:50~16:30）	
	研讨会：下午第四节 致远楼阶梯教室 评课环节首先由讲课选手说课，介绍本节课的设计意图，学科素养的落实方法与途径，然后各年级各出一名教师代表评课			

"6+1"高效课堂的阶段性总结

2021年4月15日向来访的大名县教育局参观团汇报

我就高效课堂计划向各位领导作汇报，汇报分为5个方面。

（一）含义

1.什么是"6+1"高效课堂

它指的是把40分钟的课堂分成6个环节，类似番茄工作法，这样可使工作有节奏感和紧迫感。

同时从环节占比和时间占比上，明显体现出学生主体、学为中心，这也是这种课堂模式最突出的特点。6个环节中，每一个环节都围绕学，其中4个环节学生体现得更明显，这4个环节也有明显可见的差异。

正是对教和教师的限制，对学和学生时间空间的保证，我们提倡的启发式、互动式、探究式教学才成为可能。

新授课环节时长：导5分钟、思13分钟、议5分钟、展8分钟、评6分钟、检3分钟。

复习课环节时长：导5分钟、思13分钟、议5分钟、展6分钟、评8分钟、检3分钟。

讲评课环节时长：展5分钟、议6分钟、问9分钟、评15分钟、纠5分钟。

2.什么不是"6+1"高效课堂

（1）六环节隔离的不是。也就是说，目标—过程—评价要保持一致性，防止因环节带来课堂的碎片感，这6个环节必须围绕核心学习目标，按照预设步步引导，层层推进，完成学习任务。

（2）课堂上，教师袖手旁观的不是。教师是课堂的主导，是学习的陪伴者、观察者、支持者，所以教师对学生的学，学生的学习状态、学习行为、学习进程、学习困惑、预设与生成必须时刻敏锐地观察。观察与看是不一样的。柯南·道尔在《福尔摩斯探案集》中（福尔摩斯对助手华生）说："你是在看，而我是在观察，这有很明显的差别。"

（3）先讲后练的不是。教师先讲基础、概念、公式等，然后学生练，这是传统课堂。从人性的角度来讲，每一个人的内心深处都存在依赖性和独立性两种力量，把教学建立在学生依赖性的基础上还是独立性的基础上，可以说是传统教学与现代教学不同的立论基点，也是两者的分水岭。

（4）没有能力培养和思维提升的不是。这样的课堂，只是处理知识，没有培养能力，没有思维训练，没有价值观养成。我们的目的是提防课堂为活动而活动，从满堂灌到满堂动，活动设计仅围绕知识点转，而不足以引发深度学习。

（5）没有学生主动参与的不是。学生的参与度与精神状态是衡量"6+1"课堂是否高效的标准之一。主动性学习是高效课堂的标志之一。

（6）没有检测和反馈的不是。"6+1"高效课堂必须检测与反馈，及时检测与反馈是课堂教学的法宝。

（二）实施的效果

现在效果如何？这里只是简单列举一下。

（1）在全市的期末考试中，我们的成绩没因改革的不适应而下降，3个年级的成绩继续位居全市前列，并且在县内形成了更大优势。

当然，我们的课改还没经过高考的检验，对于高考我们是充满信心的。

（2）学生的学习越来越主动，最明显的一点是上课状态的变化——课堂上学生犯困的少了，甚至有不少课堂出现了学生争着展的情况。

（3）教师的教学观念和行为有了很大的变化。"学生主体"教学理念越来越深入，我们基本看不到满堂讲了，满堂讲的老师也很难理直气壮了，在上学期的校级公开课中，我们有6节体育公开课，6位体育老师的课也完美使用了6要素。

（4）每日的集备和教研越来越规范，教师们能按时到位，能围绕学案和具体内容进行交流；限时练的批改越来越细致，我们教学的最后一环节做得越来越实了。

（三）课改的背景

莘县一中教学成绩一直位居全市前列，课堂教学也有很好的传承，改革似乎不是必需，李金池校长曾说过课堂改革不会发生在优质学校，他们改没动力，改却是压力。

我们也面临过这样的压力，先不说内部的，只说外部的，改革之初，我们经常需要答复市长热线，在我们学校大门口和教学楼大厅甚至讲桌上还出现了大字报、小字报，痛斥我们的老师不讲了，指责我们要把孩子当成小白鼠了。

我们为什么要改？

其实，学校一直在探索课堂高效的路径。或者说一直在改，自2009年始，我们就开展了课堂微格教学研究，进行了课堂教学行为十项规范，微创新微信改革从未停止过。我们这次改革在别人特别是部分家长看来很突然，对我们实际上是很自然而然的事。

这次课堂改革是学校对时代变化的切实回应，是教师发展的必然选择，也是学校提升的必然要求。

自2010年《国家中长期教育改革和改革规划纲要（2010—2020）》颁布，特别是2017年以来，中共中央、国务院关于基础教育的文件有15个。这反映了国家对基础教育的重视，更反映了时代发展形势变化之剧烈。2017年，教育部党组书记、部长陈宝生受访时曾说："课堂是教育的主战场，课堂一端连着学生，一端连着民族的未来，教育改革只有进入课堂的层面，才真正进入了深水区，课堂不变，教育就不变，教育不变，学生就不变，课堂是教育发展的核心地带。"

课堂构成要素包括教师、学生、教材、教学媒介4个要素。2017版新课标已颁布，2019年新教材已开始使用，互联网已接入教室终端，教室里坐着的就是有"数字土著"之称的学生，课堂已经大变样，教学理念与课堂结构的改变是必需的。

中国基础教育质量监测协同创新中心发布的《山东省普通高中教育质量综合评价2017—2019年结果反馈》显示，全省范围内教师教学方式都在改进，都在积极地因材施教，引导自主探究，倡导小组合作。你可以看一看这个表格，如附图1所示。

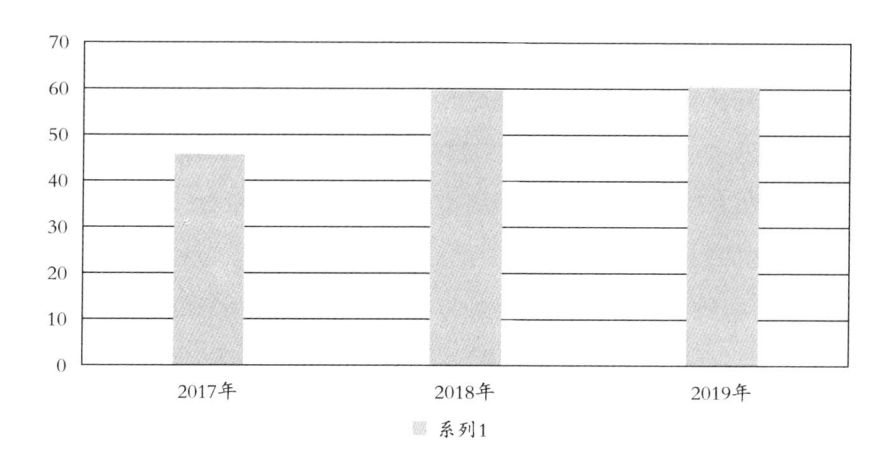

```
70
60
50
40
30
20
10
 0
      2017年           2018年           2019年
                    ■ 系列1
```

附图1 教师教学方式改进指数

这启示我们要反思自己的教学方式与课堂教学行为。

所以改是必然要求。

从中观层面讲，我们也清醒地认识到莘县一中面临的"内忧"和"外患"。成绩伏着新危机：近几年，莘县一中的高考成绩一直不错，甚至很好，但也没能出现大的突破，特别是在名优生的培养方面。同时，区域内的兄弟学校竞争力正在增强。因此，学校上升需要教学新思路。

未来潜有新忧虑：随着大城市人才政策的放开、经济要素流动的便利，作为县城中学，我们招到优秀青年教师的难度越来越大。同时，近几年新聘教师的专业水平与功底令人担忧。因此，教师成长需要培养新路径。

所以，学校旗帜鲜明地提出要重构课堂，探寻一中质量再突破的新路径。

就我校实际而言，教师队伍需要模式来提升，课堂改革步伐需要模式来推动。一是目前我们的教师队伍专业能力有较大差异，近几年新聘教师的专业水平与功底令人担忧。二是以讲为主的传统课堂需要模式来推进，仅靠个人的、碎片的探索已经赶不上教育形势的变化。而模式化是一种学习、规范、提升的有效途径，有利于教师的快速成长，有利于推动课堂模式改革。所以，我们选择这样一种固定的课堂模式。

为什么借鉴了"6+1"高效课堂模式,而不是其他或自创模式?

(1)有精英中学的原创成功经验,有长垣一中的嫁接成功经验。而无论精英中学还是长垣一中,它们在崛起时和我们面临的困境和问题具有很强的相似性,所以"6+1"模式是可以嫁接的,是我们可以借鉴的。它们本科人数多、一本人数多、清北年年有,这说明"6+1"具有普适性,适用于尖子生,也适用于学困生。

李金池历任衡水中学校长、局长,长垣一中校长谷胡玺是从南乐一中退休后被聘到长垣的,他们都不缺少眼光,也不会更多地追求名气,"6+1"不是浪得虚名,我们市内聊三北校、聊城华育、冠县实高、阳谷伏城、水城中学、聊城二中等都采用了此模式。

(2)符合我校的实际需要。集体教研有抓手,课堂教学有载体,课后练习能落实。我们常说,教师最基本的工作是备课、上课、改作业,也就是教学的三段论,课前、课中、课后,而"6+1"不仅仅指课堂40分钟,它是指广义的课堂,完整的教学环节,所有环节都有载体、都能操作、都能对照。

(3)"6+1"体现了教学改革的方向,即从关注教到关注学,其实"6+1"本身也是一次深度学习的发生:明确目标,依学案自学,与同学交流印证,教授他人并与高手竞争,听专家(教师评)指导提升,牛刀小试。它完全是一个学习流程,并且是一个可见的学习流程,学习策略的指导是我们目前课堂上普遍缺失的。

所以,"6+1"课堂改革是我们经过多次论证、反复研究、局部试点、逐步推开的。

(四)推进和实施

这期间离不开动员、调研等,特别说明两点。

第一点,明确责任主任,强化过程检查反馈。

(1)我们成立了教学质量检查小组,每天检查〔重点检查初备手稿(昨天的)、6环节落实(当天的)、限时练批改(昨天的);考试题目命制、考试过程检查、考后成绩分析；评教］，每周汇总，每月通报。

（2）"6+1"高效课堂干部督导组。请各位领导分包检查学科的集备、课堂"6+1"的实施。参与集备、研学、听课。课程中心每周统计、公布检查结果。此结果用于对级部的量化评比和分包领导检查工作的评定。

本学期，我们又集中开展了课堂调研活动，对干部听课情况在全体教工会上公布。

第二点，细化配套措施，我们围绕课堂改革，密集出台了各个方面的文件，可以说课堂改革带动了学校的制度建设和精细化管理。

高效课堂改革是一项系统工程，不仅涉及课堂，还涉及师生管理，包括集备制度、自习要求、学生组织、小组职责、教师考核等。

我们调整时间表和课程表，以利于集备的落实；调整晚辅导制度，以便于单班辅导的落实；调整教案设计、导学案制作、限时练要求、观课量表等，以完备"6+1"高效课堂的工具；修订教师考核细则与绩效考核制度，把与"6+1"高效课堂相关事项纳入考核；细化学生管理，用小组量化积分来调动学生的课堂积极性；中层以上干部包级包班跟踪课堂，与教学同频共振，围绕教学核心安排工作，学校以此作为考核干部的指标。

（五）工作方向

如果说，"6+1"是一种以学为中心的教学理念的显性化，我们也可以把它窄化为教学方法，即解决怎么教的问题。现在"四新"改革（新课程、新课标、新教材、新高考）从某种意义上讲，更关注的是教什么的问题，所以教什么对核心素养的理解和研究是我们下一步工作的重点。下面汇报的几个角度就是在学科核心素养等方面我们尝试和努力的方向。

针对"6+1"高效课堂的6个环节，我们要在6个方面下功夫。

一是要在确定目标上下功夫。目标是先于内容的。我们这节课要干什么？从哪里开始？现在在哪里？到哪里去？我们考虑清楚这些问题，才能让目标可观可感可操作。

我们要常思考课程目标、单元目标、课时目标等，这样我们想要的学科思想、学科思维最终才有可能进入我们的课堂，体现并落实在我们的教学中。

二是在紧扣目标上下功夫。教学目标是引领课堂的，是课堂的方向，是学生的学习终点。6环节容易带来割裂感，所以课堂要在紧扣目标上下功夫，一是内容组织要紧扣目标，二是活动组织要紧扣目标。

三是在情境教学上下功夫。基于情境的教学是课标的刚性要求。情境是指学习情境、生活情境、社会情境、学术情境，它们分别对应着高考评价体系中的基础性、综合性、应用性、创新性，教学活动中创设情境应从生活实践性、学习探究性来考虑，同时关注真实性和开放性。

四是要在任务设计上下功夫。情境教学实质上是任务驱动教学。好的任务要有挑战性、综合性、现实性，能持久激发学生的学习积极性。

五是要在方法指导上下功夫。"授之以鱼，不如授之以渔"，教师要教授可操作的、可表达的方法。面对学生出现的学习问题，教师要自我追问，追问"问题到底出在哪里""方法指导上是否有欠缺"。如学生不会提取关键信息，教师须自问："我给学生提供提取关键信息的方法了吗？"策略教学是我们课堂缺失的。

六是要在价值观上下功夫，要落实"立德树人"的要求。对于这一点，课程和教材是载体，课堂是途径。课堂从要渗透思想性，到要挖掘教材的育人价值。

课堂是一个学校核心竞争力的窗口，课堂改革永远在路上。我们知道认知改变是一个艰难的过程，中间会犹豫、争斗、妥协、停滞、倒退。我们要对高效探索有恒心、对教学创新有耐心、对课堂改革有决心。

我们还要继续拓展思路，探究实践，在理念的内化上，在形式的创新上，在内容的丰富上，在核心素养的形成上，再下功夫，使"6+1"高效课堂真正具备莘县一中风格，成为莘县一中的"6+1"。

课堂教学改革有形有实

——学段教学工作总结（节选）

2021年5月5日全校教工会议

本学期工作已近十周，结合近期的一些教学活动，我们对学段教学工作做个简单回顾和小结。

（一）第十届赛课活动

4月上旬，我们组织了第十届赛课活动，学科组精心确定主题，一紧扣学科核心素养，二紧扣我们教学中的问题，这种源自新课标、新高考、教学实际的命题方式为我们教学、研究提供了方向性指导。

由组长、教师代表、教学干部组成的评委，体现了专业性、权威性和广泛性，这也是赛课成功进行的重要因素。

学科组的评课不回避问题，着眼于提高，这体现了评课者的大局意识，这正是一中"学做真人、和谐发展"践行的呈现。

（二）"6+1"高效课堂干部调研反馈

学校工作"以教学为中心"，所有干部，特别是行政科室的干部在做好本职工作的同时，积极参与听课、集备、研学，把看到、听到的好现象汇报给校委会，并提出合理化建议，对"6+1"高效课堂的落实起到了重要的推动作用。

4月16日，所有干部按承包年级进行了教学反馈，汇总如下。

各位领导都感觉到，教师们的教育理念和授课方式已经发生很大改变，"满堂灌""填鸭式"教学等现象都已消失，教师们对"6+1"高效课堂模式的认可度和使用度正逐步提升。集备主备人准备充分，提前将导学案电子版群分享并拷贝到集备室电脑，讨论充分。

平时工作中也存在以下问题。

（1）（高一）存在因"导"环节处理习题占用时间过长，导致最后拖堂和"检"环节缺失现象。

（2）"思"环节存在低效学习现象，例如，同学们仅仅局限于在学案上抄写答案，缺少深度思考。这可能与学案的设置有关，一是细碎内容太多，二是忽略了知识间的逻辑性。

（3）"议"环节，存在"一人讲多人听"的现状，合作学习尚未真正发生。

（4）"展"环节，同学们的积极性需要调动；教师们对小组评价有缺位现象，这也是同学们"展"环节消极的一个主要原因。（高三）讲评中教师讲授较多，学生展示环节用时不够，学生主动性明显不如以往。

（5）"检"或"纠"环节缺失现象。

（6）集备和研学还因学生问题、家长到访等导致的迟到现象，后半节课偶尔有跑题的情况。

研学缺乏系统安排，随意性强，针对性不够，教师们重视程度不一。

（三）大教育联盟专家视导反馈

为落实新高考教育教学理念，提升我校教育教学质量，优化课堂教学模式，巩固"6+1"高效课堂改革效果，深化研究新课标、新课程、新教材、新高考，我校特邀大教育联盟专家于4月26日、27日对学校课堂教学工作进行视导。

总体上，我们认为这次请到的专家是真专家，因为他们真有水平、真指导、真反馈。教师们也积极准备、积极参与。

大教育专家对我们的课堂教学进行高度评价，也提出了中肯的意见和建议。

1.专家对我们的教师提出表扬

一是敬业、责任心强；二是专业功底深厚；三是虚心好学。"虚心接受新建议，自觉接纳新观念，力求进一步提高业务水平，非常期盼学校向更快更高更强的水平发展。"

"6+1"课堂有形也有实。

一是课堂上学生的展示、讨论、板演等主体地位的落实较好；学案导学、小组讨论、教师的精讲等都能较好地在课堂上得以体现。

二是我们教师对6环节（讲评课5环节）运用熟练，"完成了从以教师讲为主到学生主动学的转变"。

三是学习小组建设取得成效，"学生围绕问题积极探讨，互补纠正等井然有序"。

四是课堂上学生的学习状态良好（投入状态、情绪状态、思维状态、交往状态、达成状态、展示状态等），学生表达清晰，积极配合教师。

集备，务实有效。

（1）集备有中心（课堂教学），集备有抓手（打造"6+1"课堂、学案），时间有保障（上午集备，下午研学），内容接地气（从教学细节备起）。

（2）主备人、主讲人准备充分，对所备内容掌握娴熟，目标明确，突出重点，预设到位。

（3）辅备教师能够积极参与，真提问题、真建议，踊跃发言，精益求精，进一步完善教学设计。

使用了集体备课前提下的导学案授课，都使用了PPT，同课同构做得扎实；学案编制符合课程标准及考向的基本要求。

2.专家对我们的建议

推动学校"6+1"教学模式从"形似"向"神似"，从"形式改革"向"内容改革"，从"知识立意课堂"向"能力立意课堂"方向演进。

（1）要真正理解6环节的环节功能，使之与教学内容、课堂行为、与学生高效学习真正融合。

（2）强化目标意识。存在的问题有：一是设计的目标有点空，没能围绕本节课应达成的目标进行有效分解和细化。二是围绕目标如何达成应该采取哪些教学措施，在课堂操作上还看不到目标与教学过程之间的逻辑关系。

有效教学，一定是始于有效的教学目标。要精准设计教学目标，发挥好教学目标的导向功能、控制功能、激励功能和评价功能。

集体教研重点要突出（应以课堂确立的具体目标是什么，如何达成这些目标，如果达不到如何补救为集体教研的重点）。

课堂目标是一节课的方向，围绕目标展开一系列活动：流程把控、训练检测。

（3）导学案的设计应更加精准。导学案的功能要理解透，它实际包含预习案、探究案、巩固案，要"三案"各板块的功能定位，要注重当堂训练，要强化课堂上变式训练题的选取与使用。

高效课堂的根本在于"先学后教"，所以导学案设计要突出"导"的作用，要多研究学生的"学"，若站在教师"讲"的角度进行设计，还是难以脱离"满堂灌"。

要人人参与选题—供题，然后由主备人精选（集体备课不如精英中学更有实效）。

高效课堂的持续在于对小组或个人的"评价"，要倡导小组内的合作与交流、小组间的竞争与提高。加强对学习小组的评价和学生个人的评价，以评价作为杠杆激发学生的学习动力。

（四）高三教学

（1）高三后期重视效率，重视考场能力的提升。任何活动都要用（效率=分数/时间）来衡量，即加强考场意识。

（2）刻意训练。对于明确的疑难问题，进行刻意练习；分题型研究增分方案，选择题、实验题、计算题增分策略与方案。

（3）浏览试卷。发挥重大考试试卷作用。考卷装订成册，重新浏览巩固，重新回看。得到的巩固住，失去的夺回来，不足的弥补上，没有的创造出。

（4）复习内容做好减法，围绕"常考常错"做文章。

总之，我们的课改方向是正确的，要继续坚持、不动摇，我们的课改是有成效的，要继续深入，再细化，我们的课改是有不足的，我们要努力改进，再反思。我们的目标是，用集备的有效提高课堂的高效，用课堂的高效提高从教到学的高转化率；用高效的课堂促使教师的成长，用有效的集备减轻教师的负担。

再次理解6环节的环节功能

——读《核心素养导向的课堂教学》心得

2021年5月16日全校教工会议（节选）

关于课堂教学，前一段我们邀请了大教育联盟的专家进行了视导和评估，他们就我们的课堂教学提出了中肯的意见。推动"6+1"教学模式从"形似"向"神似"，从"形式改革"向"内容改革"，从"知识立意课堂"向"能力立意课堂"方向演进至少有4条：①要真正理解6环节的环节功能；②强化目标意识；③导学案的设计应更加精准；④加强对学习小组的评价和学生个人的评价。

在这里，结合教师们正在读的两本书，我来分享一下对第一、第二个意见的理解。

第一，6环节的功能设置的目的是什么？在我们的实际操作中是怎样体现和落实的？

第二，加强目标意识。为什么要增强目标意识？它的意义何在？

关于6环节的功能，在读《核心素养导向的课堂教学》第5章时，我对6环节产生了某种共鸣。

第一节　重建教学关系。

第二节　先学后教。

第三节　完整的学习。

第四节　原生态的学习。

第五节　基于学生学习的教学。

其中在先学后教基本环节是这样写的：

（一）先学后教的基本环节

1.先学环节

在所有的教学环节中，最具本质意义的就是学生先学教材（关于教材的强调，大教育专家是有强调的，明确强调教材的有历史和物理两位专家，在这本书第四章第三节有专门的阐述，这节的标题是"教材的意义与作用"）。这一环节，它是任何有效课堂都不可缺少的。离开了学生对教材的先学，任何讲解、提问和讨论都将失去针对性，从而失去实质的意义。先学要尽可能放在课堂内并给予时间保证（这是和传统预习不一样的地方，而是和6环节一样的），让学生充分地（13分钟）、独立地先学，并完成必要的练习（大教育专家基本上反对"思"的环节仅是对教材挖空，要有必要的思考）。先学可以在教师"教"（原文带引号，显然不是传统的讲解接受式）之下进行，也可以按"导读提纲"（指向与要求明确，利于提高效率）的要求进行，还可以由学生完全独立地进行。

2.后教环节（不等同教师教，不是全部由教师讲；生教生，有针对性、提高性，否则不讲）

让学生在先学的基础上提出学习中存在或发现的问题和困惑，然后在这个基础上进行交流展示（深化和拓展），一般可分同桌、小组（4~6人）和全班三种形式（可根据需要选择其中1~2种形式）。教师一定要让学生明确交流展示的内容和任务，要保证所有学生在交流展示中都学有所得。在全班交流中要特别重视交流不同点和创新点。这个环节也是教师进行针对性教学和提高性教学的过程（教的本质属性）。

3.练习环节

学生在课堂上的学习既包括学，也包括习。课堂练习一方面使学生将刚刚理解的知识加以应用，并在应用中加深对新知识的理解；另一方面能及时暴露学生对新知识理解和应用的不足。练习和反馈是有效教学的重要环节，是提高课堂教学质量的重要保证。作业，特别是最基本的、重要的作业应在课堂上、在教师眼前完成，以便教师当场反馈和订正（最基本的、最重要的应该是课堂最重要的目标和任务，是衡量课堂成败的关键指标，所以当堂反馈，学生必须掌握都是必要必须的）。

第三节完整的学习，有两部分内容。

其一，"完整的学习"相关理论。

其二，阅读、思考、表达——指向核心素养的"完整的学习"。

我们再次对照6环节，"相对而言，阅读是一种接受式的学习；思考是一种探究式的学习；表达是一种讨论式的学习。这三种形式的学习构成一个完整的学习——系统的、有结构的、有逻辑的学习。"

（二）阅读、思考、表达：3个教学环节或3个要素

1.相对独立的3个教学环节

阅读、思考、表达在教学中可呈现为3个基本环节，即阅读环节、思考环节、表达环节。3个环节是递进关系：在阅读的基础上深度思考，在思考的基础上个性化表达。当然，3个环节也有交叉，你中有我，我中有你。

（1）阅读环节。"作为阅读教学，在一节课里，能让学生多少次与教科书的语言发生新鲜的接触，这是决定教学成败的事，很有必要返回阅读教科书去，一节课中若干次反复地阅读。"（6环节的特点之一就是对重点内容仅在课堂上就可以有6次重复）在以听讲取代阅读的传统课堂教学中，"教学成了给学生'喂'教师消化好了的知识的过程，学生与原生知识、真实现象之间直接会面、发生挑战的机会被取缔，久而久之，学生失去了对新知识的消化能力、对新现象的透视能力，教学活动沦为地地道道的授受与识记过程"。在这样的教学中，能力发展也就无从谈起。因此，我们把引导学生完整地、全面地、独立地阅读教材看作课堂教学最具本质意义、最具基础性价值的教学环节。

（6环节，把阅读换成了思，这阅读是广义，包括读图和读书，与文本对话，也包括观察和操作，也就是与事物对话，不同学科的内容与特点有所不同，但表达的是信息输入，这个输入不是听讲式的。）

（2）思考环节（思、议）。学生要对在阅读中发现的问题进行思考，对文本知识不仅要知其然还要知其所以然；不仅要弄明白理解性的问题，还要弄明白质疑性（批判性）的问题；不仅要知道问题的答案，还要对问题的产生有自己的看法和见解。传统课堂是回避问题因而无须思考的课堂，学生不仅没

有发现和提出问题的机会，就算真的碰到了所谓的问题，教师也会有意或无意地强制学生接受教师的解释，不给学生独立思考的机会，堵塞学生新思维的涌现。这样的教学，只剩下所谓的知识。因此，我们把引导学生提出有价值的问题并进行深度思考看成影响和决定课堂教学质量和水平的最核心因素。

这是专家对我们学案提出质疑的地方，也是对学案的思维引导不够。

（3）表达环节（议、展）。在阅特别是思考的基础上，学生发表自己的看法和观点，并与同伴进行交流、互动、分享，可以使自己的看法和观点得到增值、完善、补充、更正，使自己学习和认识的水平不断提高。因此，我们把表达（鼓励学生发表自己的见解和组织讨论）看作课堂内在要素和不可缺少的构成环节。

阅读—思考—表达这三个环节构了以素养为导向的课堂教学的基本结构或基本范式，又称"通用式"。

2.相对独立的三个基本要素

把阅读、思考、表达视为教学的三个基本要素，意思就是课堂教学有这三个要素就行，至于这三个要素怎么呈现、在什么时候呈现，则没有具体的要求和规定。

（三）教学（学习）目标的重要性在哪里？为什么重要？

1.目标（任务）与学习的发生直接相关

自我系统没有开启，学习就不会发生。面对新任务，人们先要进行"自我系统"的判断，由自我系统决定是否参与、介入这个新任务。

学习是从学习者本身开始，学习者只有在确认了"这件事对我重不重要、我愿不愿意去学和我能不能学会"这三个问题，学习才会因为动力而开启。认同了新任务的价值和意义，这个任务有意思吗？对我来说重要吗？这个任务难吗？我能上手吗？当新任务提出后，学生感觉这个任务有意思、很有趣；学生感觉这个任务虽然有挑战，但是能上手，说不定还会得到同伴的赞美，提高自己在班级的影响力；或者这个任务正好可以帮助自己解决目前学习中的困难，帮助自己提高、实现小目标，等等，当学生拥有以上情绪和情感时，学生的自我系统就会开启。

只有在开启了自我系统之后，学生才会去掂量和评估接下来的这段学习旅程，才可能参与到新的学习任务中，才可能根据学习任务规划学习时间，制定完成学习任务的步骤和流程，寻找完成任务的资源，才可能根据目标要求不断反思、不断优化解决问题的方案，这样学生的学习才会发生（规划自己的学习路径，监控自己的学习过程，反思优化学习方案）。

所以，导的环节是引导学生认同这节内容的价值和意义，是开启学生的自我系统。否则，当教师一进入教室就开始按照自己的设计授课时，只能说教师自己的教学活动开始了，学生的学习未必真的开始。这就是目标或任务的重要性。这里，我对目标和任务是混用的，并不太恰当。

2.学习目标对教与学的意义众多

对教师有7个方面的积极作用：教学的规划与实施、有效的提问、更好的理解力、推进学习进程、提供脚手架、检测学生的进步、个性化的课堂指令。一个好的学习目标是教师以上7种行为的依据，有了明确的学习目标，教师会在这些领域做得更加务实、高效，更有指向性。

对学生至少有7种帮助：能适应本课时的目标设置、自我评估（时时感觉自己所做的事情对实现目标是有作用的）、选择有效的学习策略、有效的提问、有比较好的自我认知、有意识地联结已有的知识、自我监管。

明确学习目标，含义之一是学习目标从教师心里、教师的备课案上，走到学生面前。

当师生共同明确了学习目标时，就会出现这样的景象：教师和学生同时把注意力朝向学习目标。在这种情况下，即使教师教学偶尔出现一点空白，学生也会非常清楚自己的目标。

《核心素养导向的课堂教学改革》三大基本理念：基于立德树人的教学是就教学方向而言；基于课标和核心素养的教学是就教学内容而言；基于学生学习的教学是就教学主体而言。

目前，我们的"6+1"改革仅在教学主体的改变上做出了一些努力，取得了一些成效，但这远不是改革的全部。

课堂教学基于学生学习，我们做得还不够，因为我们在时间环节上对学生学习有了基本保证，但我们的备课、学案仍是在基于教师教的理念下进行的。

"教师教"的理念，教是学发生的前提，"不教他怎么会？"

"基于学生学习"的理念，学是处于规约的地位，它规定着教学的可能性质与进程，教的目的、任务、内容依存于学的目的、任务、内容，针对性是有效教学的本质。所以，我们在围绕学生学进行教学设计、学案设计上还需要强化。

如果把课堂教学改革分成两步走的话，我们现在进行的是第一步，即教学方式、教学主体的改革，我们的第二步针对的是教学内容的改革，即基本课标和核心素养的教学研究。学校初步设想，在暑假里，集合教师骨干力量，邀请专家参与，集中在某地，就课程标准与学科核心素养的落实落地进行分级分层的专项学习与研究。